诸子百家

卷三

[战国]孟子 著

外物

外物不可必①，故龙逢诛②，比干戮③，恶来死④，桀纣亡。人主莫不欲其臣之忠，而忠未必信，故伍员流于江，苌弘死于蜀⑤，藏其血，三年而化为碧。人亲莫不欲其子之孝⑥，而孝未必爱，故孝己忧而曾参悲⑦。木与木相摩则然⑧，金与火相守则流⑨，阴阳错行，则天地大絯⑩，于是乎有雷有霆，水中有火⑪，乃焚大槐⑫。有甚忧两陷而无所逃⑬，螴蜳不得成⑭，心若县于天地之间⑮，慰暋沉屯⑯，利害相摩，生火甚多⑰，众人焚和⑱。月固不胜火⑲，于是乎有僓然而道尽⑳。

庄周家贫，故往贷粟于监河侯㉑。监河侯曰：「诺㉒。我将得邑金㉓，将贷子三百金㉔，可乎？」庄周忿然作色㉕曰：『周昨来，有中道而呼者㉖，周顾视车辙㉗，中有鲋鱼焉㉘。周问之曰："鲋鱼来㉙，子何为者邪？"对曰："我，东海之波臣也㉚。君岂有斗升之水而活我哉㉛！"周曰："诺，我且南游吴越之王㉜，激西江之水而迎子㉝，可乎？"鲋鱼忿然作色曰："吾失我常与㉞，我无所处㉟。吾得斗升之水然活耳㊱。君乃言此㊲，曾不如早索我于枯鱼之肆㊳！"』

任公子为大钩巨缁㊴，五十犗以为饵㊵，蹲乎会稽㊶，投竿东海，旦旦而钓㊷，期年不得鱼㊸。已而大鱼食之㊹，牵巨钩，錎没而下骛㊺，扬而奋鬐㊻，白波若山，海水震荡，声侔鬼神㊼，惮赫千里㊽。任公子得若鱼㊾，离而腊之㊿，自制河以东51，苍梧已北52，莫不厌若鱼者53。已而后世辁才讽说之徒54，皆惊而相告也55。夫揭竿累56，趣灌渎57，守鲵鲋，其于得大鱼难矣58。饰小说以干县令59，其于大达亦远矣60。是以未尝闻任氏之风俗，其不可与经于世亦远矣61。

儒以《诗》《礼》发冢62。大儒胪传曰63：「东方作矣64，事之何若65？」

小儒曰：「未解裙襦⑥⑥，口中有珠。」

「《诗》固有之曰⑥⑦：『青青之麦，生于陵陂⑥⑧。生不布施，死何含珠为⑥⑨！』接其鬓⑦⑩，压其颥⑦①，儒以金椎控其颐⑦②，徐别其颊⑦③，无伤口中珠。」

老莱子之弟子出薪⑦④，遇仲尼，反以告⑦⑤，曰：「有人于彼，修上而趋下⑦⑥，末偻而后耳⑦⑦，视若营四海⑦⑧，不知其谁氏之子⑦⑨。」

老莱子曰：「是丘也，召而来⑧⑩。」

仲尼至。曰：「丘！去汝躬矜与汝容知⑧①，斯为君子矣⑧②。」

仲尼揖而退，蹙然改容而问曰⑧③：「业可得进乎⑧④？」

老莱子曰：「夫不忍一世之伤，而骛万世之患⑧⑤，抑固窭邪，亡其略弗及邪⑧⑥？惠以欢为，骛终身之丑⑧⑦，中民之行进焉耳⑧⑧！相引以名，相结以隐⑧⑨。与其誉尧而非桀，不如两忘而闭其所誉⑨⑩。反无非伤也，动无非邪也⑨①。圣人踌躇以兴事⑨②，以每成功⑨③。奈何哉其载焉终矜尔⑨④！

宋元君夜半而梦人被发窥阿门⑨⑤，曰：『予自宰路之渊⑨⑥，予为清江使河伯之所⑨⑦，渔者余且得予⑨⑧。』

元君觉，使人占之⑨⑨，曰：『此神龟也。』

君曰：『渔者有余且乎？』

左右曰：『有』。

君曰：『令余且会朝⑩⑩。』

明日，余且朝。君曰：『渔何得⑩①？』

对曰：「且之网得白龟焉，其圆五尺⁽¹⁰²⁾。」

君曰：「献若之龟⁽¹⁰³⁾。」

龟至，君再欲杀之，再欲活之⁽¹⁰⁴⁾，心疑⁽¹⁰⁵⁾，卜之⁽¹⁰⁶⁾。曰：「杀龟以卜，吉。」乃刳龟⁽¹⁰⁷⁾，七十二钻而无遗荚⁽¹⁰⁸⁾。

仲尼曰：「神龟能见梦于元君⁽¹⁰⁹⁾，而不能避余且之网；知能七十二钻而无遗⁽¹¹⁰⁾，不能避刳肠之患。如是，则知有所困⁽¹¹¹⁾，神有所不及也。虽有至知，万人谋之⁽¹¹²⁾。鱼不畏网，而畏鹈鹕⁽¹¹³⁾。去小知而大知明⁽¹¹⁴⁾，去善而自善矣⁽¹¹⁵⁾。婴儿生无石师而能言⁽¹¹⁶⁾，与能言者处也⁽¹¹⁷⁾。」

惠子谓庄子曰⁽¹¹⁸⁾：「子言无用。」

庄子曰：「知无用而始可与言用矣。天地非不广且大也⁽¹¹⁹⁾，人之所用容足耳⁽¹²⁰⁾。然则厕足而垫之致黄泉⁽¹²¹⁾，人尚有用乎⁽¹²²⁾？」

惠子曰：「无用。」

庄子曰：「然则无用之为用也亦明矣⁽¹²³⁾。」

庄子曰：「人有能游⁽¹²⁴⁾，且得不游乎？人而不能游，且得游乎？夫流遁之志⁽¹²⁵⁾，决绝之行，噫，其非至知厚德之任与⁽¹²⁶⁾！覆坠而不反⁽¹²⁷⁾，火驰而不顾⁽¹²⁸⁾。虽相与为君臣⁽¹²⁹⁾，时也；易世而无以相贱⁽¹³⁰⁾。故曰，至人不留行焉⁽¹³¹⁾。

「夫尊古而卑今，学者之流也⁽¹³²⁾。且以狶韦氏之流观今之世⁽¹³³⁾，夫孰能不波⁽¹³⁴⁾！唯至人乃能游于世而不僻⁽¹³⁵⁾，顺人而不失己⁽¹³⁶⁾。彼教不学，承意不彼⁽¹³⁷⁾。」

「目彻为明⁽¹³⁸⁾，耳彻为聪，鼻彻为颤⁽¹³⁹⁾，口彻为甘，心彻为知，知彻为德⁽¹⁴⁰⁾。凡道不欲壅⁽¹⁴¹⁾，壅则哽⁽¹⁴²⁾，哽而不止则跈⁽¹⁴³⁾，跈则众害生。物之有知者恃息⁽¹⁴⁴⁾，其不殷⁽¹⁴⁵⁾，非天之罪。天之穿之⁽¹⁴⁶⁾，日夜无降⁽¹⁴⁷⁾，人则顾塞其窦⁽¹⁴⁸⁾。胞有重阍⑭,心有天游。室无空虚,则妇姑勃豀⑮;心无天游,则六凿相攘⑮。大林丘山之善于人也,亦神者不胜⑯。"

"德溢乎名,名溢乎暴,谋稽乎誸,知出乎争,柴生乎守,官事果乎众宜⑮,春雨日时⑮,草木怒生⑯,铫鎒于是乎始修⑯,草木之到植者过半⑯,而不知其然⑯。"

"静然可以补病,眦蔑可以休老⑲,宁可以止遽⑯。虽然,若是劳者之务也⑯,非佚者之所,未尝过而问焉;圣人之所以骇天下,神人未尝过而问焉;贤人所以骇世,圣人未尝过而问焉;君子所以骇国,贤人未尝过而问焉;小人所以合时,君子未尝过而问焉。"

"演门有亲死者⑯,以善毁爵为官师,其党人毁而死者半⑯。尧与许由天下,许由逃之⑯;汤与务光,务光怒之;纪他闻之,帅弟子而踆于窾水⑯,诸侯吊之;三年,申徒狄因以踣河⑯。"

"筌者所以在鱼⑰,得鱼而忘筌;蹄者所以在兔⑰,得兔而忘蹄;言者所以在意,得意而忘言。吾安得夫忘言之人而与之言哉⑰!"

【注释】

①必:一定,必然,强求。②龙逄诛,比干戮:龙逄,夏桀时贤臣,多次直谏桀,被囚禁杀死。比干,商纣的王叔,多次忠谏纣王,被剖心而死。③箕子:参见《大宗师》篇。④恶来:纣王的佞臣,最后与纣俱亡。⑤伍员:苌弘,皆忠臣。多次直谏纣王,被剖心而死。⑥人亲:指世人的父母双亲。⑦孝己:商王朝高宗之子,见逐于后母。曾参,孔子的弟子,对父母至孝。⑧然:"燃"的本字,《御览》引作"燃"。俞樾说:此句应为"木与火相摩",与下句"金与火相守"对举,"盖木金二物皆畏火,故举以为言,见火之为害大也。"按:结合下文"利害相摩,生火甚多,众人焚和,月固不胜火。"句不改字,与古代"木燧"法相合,故亦可通,此说可存。摩,接触,不宜理解为摩擦。如果"木与木相摩则然"

不过摩字应作摩擦解。⑨相守：久处。流，溶化为液体。⑩捍：指震动。⑪水中有火：指大雨中闪电。⑫乃焚大槐：指雷电焚树。大槐，泛指树。⑬有：指有人。无所逃：无法逃避，无法摆脱，不能自拔。⑭鹽蜉：怵惕不安的样子。⑮心若县句：县，同悬。言心像悬挂空中不能自主。⑯慰：郁结，沉，深重，屯，困顿，艰难。四字，谓忧郁沉闷。⑰摩：摩擦，冲突。⑱众人焚和：王先谦说："众皆溺于利害，是自焚其心中太和之气也。"⑲月固不胜火：刘凤苞说："月字借喻清明之本性，火字即利害之薰灼也。"二句意谓：内心的清澈微光易为外物的炽热火灼所夺。⑳僓然而道尽：《释文》："僓，音颓。"宣颖说："于是乎颓然隳坏，天理尽而生机熄矣。"㉑贷：借。粟：今称谷子，谓粮食。㉒诺：表示同意的状词。㉓将：将来。邑：受封的领地，金，铜铁之类皆为金，不是黄金，指货币。㉔将：则也，译作就或会。邑金：向封邑内百姓征收的财物。三百金：一锱为一金。㉕忿然：气愤的样子。作色：变色，指脸色一沉。㉖中道：中途。㉗顾视：回头看。车辙：车轮压洼处。㉘鲋鱼：鲫鱼。焉：于之，兼词。㉙来：语气词，表示商量。㉚波臣，成《疏》"波浪小臣"。林希逸说"水官也"。㉛岂：王引之说"岂，犹其也"，表示希望兼疑问之词，也许的意思。活，使动用法，使……活。㉜且：副词，表示将要。游说：游说。成《疏》"西江，蜀江也。"《浅注》"西江，指江上游四川部分。"㉝激：引。西江：林云铭说"常与，常相与，谓水也。"与：从也，亲附也。指代水。㉞常与：林云铭说："常与，常相与，谓水也。"与：从也，亲附也。指代水。㉟处：居。㊱然：王引之说"然，犹则也。然活，则活也。"阮毓崧说"则与乃通"。马叙伦说"然，读为能，泥纽双声"。㊲乃：竟。㊳曾不旬：……不如求我于干鱼之肆。"曾：常用在"不，无"前边，用以加强否定语气，相当于"简直，竟。"㊴任公子：任国之公子。㊵犗：犍牛，阉割了的牛，此泛指钩饵。㊶蹲：踞也。踞，坐也。乎：于。会稽，山名，在今浙江省。㊷旦旦：天天。㊸期年：《释文》期本亦作朞，

① 周年。朱骏声说：「期借为朞。《说文》『朞，复其时也』。」㊹已……不久，之代饵。㊺跮没……陷没，沉没。乱驰……乱跑。下鹜……高举。㊻声侔鬼神。林希逸说：「言此鱼摇动海水，其声可畏也。」侔……同，似。㊼惮赫……使动用法，使……大惊失色。千里……指千里之内的人。㊽若鱼……《释文》：「若鱼，司马云……大鱼名若，海神也。或云：若鱼，犹言此鱼。」㊾腊……晾干，制成干鱼，用作动词。㊿制河……《释文》：「依字应作浙。」《汉书音义》音逝。河亦江也。北人名水皆曰河。浙江，今在余杭郡。」㊾苍梧已北……苍梧，山名，在岭南。已……同以。㊾厌……即餍，饱食。㊾铨……小平面圆木所制的无辐条的车轮，此喻浅陋无知。㊾惊而相告……林希逸说：「知其常而不知异，见其小而不见大，故惊以相告也。」㊾揭……举。累……小绳。夫……犹众。㊾趣……通趋，奔走。㊾饰小说句……成数篇烂时文，向邑令投拜门生者，当书此数语，示而辱之。」㊾饰鲵鲋……守，候守。鲵、鲋，小鱼。古字其、期通用。干……犹有。㊾干，求也。县，高也。修饰小行，矜持言说，以求高名令闻。」又，林希逸说：「县令，犹今揭示也。县与悬同。悬揭之号令，犹今赏格之类。」又林云铭说：「县令，旧作悬令，则干字无处安顿。仍当如字解。近日穷措大抄写二句，与，参与。经……经营，处理，对待。㊾其……期。大达……大道。于……犹及也，至也。㊾是以二句……用。发……掘。冢……坟墓。㊾胪传……胪，从上传语告下。胪传，用赞礼的声调传话，即庄严传话数篇烂时文，对天下事务的处理，意即怎样正确经理天下事务，亦，固，实在。㊾以……训「已」亦训「已」。㊾裙……下裳。襦……短衣。㊾东方……指代太阳。作……起，升起。㊾之……训「以」。何若……何如，怎么样。㊾固有……本有。㊾陂……山坡。为……句末语气词。㊾接……揪，抓。㊾压……按住。颠，颔下须。㊾控……叩击，指划破。㊾颐……腮。㊾徐……慢慢。别……分，指撬开。颊……面的两旁，指牙床。㊾老莱子……楚国贤人，常隐蒙山，楚王欲召为相，不就。夫负妻载，逃于江南，莫知所之。出薪……出去打柴，薪，用如动词。㊾反以告……反，通返。以，介词，省宾

语之：告诉老莱子。⑦⑥修：长。修上：上身长。趋下：下身短。趋：同促，短。而：并列连词。⑦⑦末偻：即背偻。言其背微有偻曲之状。⑦⑧营营：营谋。四海：天下。⑦⑨不知句：成《疏》：『未知之子族姓是谁？』《通志·氏族略序》『三代之前，姓氏分而为二，男子称氏，妇人称姓。……三代之后，姓氏合二为一。』⑧⑩而：犹其也，此处活用作他称，或作为连词，不译。⑧①去：去掉。躬：身，态度。矜：庄重。容：容貌，知，智慧。⑧②斯：指示代词，这样。为：犹谓。君子：指具有道德行为的人。⑧③憼然：同蹴然，不安的样子。⑧④业可得进乎：林希逸说：『而后世干禄之徒，皆借孔子为名，名为治世，适以祸世，则万世之患自此始矣。』⑧⑤不忍句：阮毓崧说：『言仲尼嵩目时艰，急欲以仁义救当世之伤。』而鹜万世之患，刘鸿典说：『言道业可进学否也？』而：却。鹜：《释文》『鹜，本亦作骛』，宣颖说：『傲然轻于贻祸。』⑧⑥抑：抑或，无其，其犹乃，此即无乃。抑或……无……表两种情况的选择。译作或是，还是。略。⑧⑦惠以二句：句意为：因为一时的哗众取宠去施恩布惠，却无视对自己留下了终身的玷污。方略，这里指方术，道术。⑧⑧中民句：林云铭说：『庸人之行每进于此。』又，马其昶说：『中民，谓得民。《礼记》注：进，谓自勉强也。』译文从林说。⑧⑨隐：《释文》：『李云：隐，病患也。』俞樾说：『隐，当训为私。』⑨⑩闭其所誉：成《疏》：『赞誉尧之善道，非毁桀之恶迹，以此奔驰，失性多矣。故不如善恶两忘，闭塞毁誉，则物性全矣。』马叙伦说：『所誉尧句』，当作闭其非誉。盖非字之讹也。⑨①反无二句：成《疏》：『反于物性，无不伤损，扰动心灵，皆非正法。』林希逸说：『反背自然之理，则无非伤道之事也』，不好静而好动，则无非邪僻之行也。』⑨②跨踬以兴事：句意谓：从容不迫，毫不在意地行事。⑨③以每成功：以谋求成功。⑨④奈何：怎么办。其：你。载：背着。焉之，作代词，指代仁义之迹。矜：夸耀，自以为能。尔：同也，语气词。⑨⑤被：通披，散，窥：偷看。阿门：旁门，侧门。⑨⑥自：从。宰路：渊名。之：指示代词。⑨⑦清江：江名。使：出使。河伯：神话中黄河之神。⑨⑧余且：《释文》……

『余音预。且，子余反。姓余，名且也。』⑨占：古代迷信活动，根据龟壳裂纹和蓍草排列预测吉凶叫占。⑩令：召令。会：相见，见面。会朝：为会于朝省，即到朝廷相见。⑩渔何得：渔，打鱼，动词。何得：即得何，捕获到什么。指圆径。⑩若：代词，你。⑩再：一再。活：养活，使……活着。⑩疑：迟疑不决。⑩卜之：让人占卜决疑。卜，古人根据龟甲被烧后的裂痕来预测吉凶的一种迷信活动。⑩剖：剖开。⑩遗：失策，失算。⑩谋：图谋，计算。⑩鹈：见。通现，显现。见梦，示梦，托梦。⑩知：通智。⑪知有所困：谓智慧有穷困莫展的时刻。鹈：一种大水鸟，捕食鱼类。⑭去小句：郭《注》：『小知自私，大知任物。』⑮去善句：成《疏》：『遗矜尚之小心，合自然之大善。』林云铭说：『知去善而自善，皆能以无用言用。』⑯石师：阮毓崧说：『石当读硕，古通用字。陆云：石，本又作硕。』硕师，大师。⑰与能句：成《疏》：『与父母同处，率其本性，自然能言也。』⑱惠子：名家，与庄为友。⑲且：用作连词，表并列。⑳所用：需要利用的。容足：指容足之地。㉑厕：通侧，厕足，插足，垫，使下陷，指下掘。㉒人尚句：人所用来立足的地方还能利用吗。㉓无用句：成《疏》：『直置容足，不可得行，必借余地，方能运用脚足。无用之理分明。与，通欤。这两种人还是不能『游』的人。㉔且：犹何。而，犹苟，如果。㉕遁：逃或逸的意思。㉖其：大概，恐怕，表推测。故《老子》云：『有之以为利，无之以为用』。』林希逸说：『陷溺于世故。』宣颖说：『决绝者。』㉗覆坠句：成《疏》：『家被覆没，身遭颠坠，亦不知悔。』㉘火驰句：成《疏》：『驰逐物情，急如烟火，而不知回顾。』王先谦说：『火驰，犹后世言火速火急也。』宣颖说：『流遁者。』㉙虽相与二句：林希逸说：『虽一时之间，有贵有贱。』王先谦说：『时之适然。』㉚以：犹可。无以：即无可。㉛至人：在《逍遥游》里即提出了『至人』，他如《人间世》《应帝王》《达生》《田子方》《知北游》《庚桑楚》等篇都提到，但概念不是完全一样。这里的『至人』，略与《田子方》『得至美而游乎至乐，谓之至人』及《知北游》『至人无为』的说法接近。不留行：宣颖说：『不留意行此非至知厚德之任也。」刘鸿典说：「至人不留意而行。」 ⑬流：指流风习俗。观：观察，衡量。 ⑬熟能不波：林云铭说：「即絜韦氏之辈，观于今日，亦何能不随其波。」 ⑬游于句：王先谦说：「与覆坠流。」指流弊，或作流俗。 ⑬絜韦氏：三皇以前帝号。 ⑬彼教二句：王先谦说：「彼尊古卑今，我固不必学之，亦承其意。」 ⑬顺人句：林云铭说：「顺乎世人，又能不自失其为我。」 ⑬彻：通也，通达火驰者异。」 ⑬颠：通瘨，羊膻气，谓审于鼻气贯通，灵通。 ⑬德：指道之用。 ⑭道不欲雍：王先谦说：「道，乃人所共由，不欲雍滞。」案这里的「道」，不应理解为一般的道路，它是《知北游》篇所指的「道……无所不在」的「道」。雍，阻。 ⑭雍则哽：王先谦说：「雍者，万物之所由也。庶物失之者死，得之者生。为事逆之则败，顺之则成」滞则必至哽塞。」哽：林希逸说：「哽，哽咽而不通也。」 ⑭知：知觉，指生命。恃：依靠。 ⑭殷：盛。其：或，假使王先谦说：「哽塞而不止，则妄相腾践矣。」 ⑭顾：反而。窦：孔窍，指人身的眼耳口鼻七窍。 ⑭降：衰减。 ⑭胞：借为胞。胞有重阆。《庚桑楚》篇《释文》：「阆，空旷也。」案：马叙伦说：「胞借为悖。」 ⑭胞，腹中胎。」郭注：「阆，通之。」空旷也。」案：马叙伦说于义为长，译文从之。 ⑮勃：朱骏声说：「勃借为悖」，马叙伦说是其例证。下文「室无空虚」，即承此言也。 ⑮《说文》「勃，乱也」……是勃为相争乱之义。」 ⑮六凿：六根，佛家语。佛经以眼、耳、鼻、舌、身、意六者为六根谓眼为视根，耳为听根，鼻为嗅根，舌为味根，身为触根，意为念虑之根。攘，扰攘，谓错乱失调。 ⑮大林二句：马其昶说：「大林丘山，其境虚也。神不胜六凿之扰，故睹清旷之境而喜。」 ⑯平：同于。暴：表露，显露。稽：考，计较。 ⑯春雨日时：春季晴雨适时颇：急，急难之事。柴通寨，砦，防守用的栅栏。守：执守，防守。官事：管事。 ⑯怒生蓬勃生长。 ⑯铫镈句：阮毓崧说：「农人将有事于田畴，农具于是乎修理也。」王夫之：「因时之宜。」铫：大锄。镈：缺

《列子》

锄草的一种农具。铫耨，泛指农具。⑰到植：倒竖，指草木倾倒。此明顺时而动。⑱而不句：句意为没有想到置官设事的需要。⑲眦藏：眦，奚侗说：'眦疑为眥之误。'⑳遽：迫遽，急躁。㉑若：犹此。是，或作实。若是，作此实解。㉒非佚这一句的意思为：'不是安逸自得的人要用的方法，因此未曾去过问。'㉓骇：通骇，惊也，震惊。㉔演门：宋城门名。㉕善毁：很合孝道地居丧毁容。毁，指悲哀过甚而形容消瘦。爵，用作动词，旌封。㉖党人：乡党之人。古制以五百家为党，一万二千五百家为乡。㉗许由：见《逍遥游》。㉘务光：见《大宗师》。㉙纪他：见《大宗师》。㉚申徒狄：姓申徒，名狄，隐士。踣：仆倒。踣河：投河。以上诸人皆德溢乎名。指隐居。窾水：水名。吊之：向他慰问。㉛苓，通筌，捕鱼器，一说，香草也，可以饵鱼。而，犹'当'也。㉜蹄：捕兔的网。㉝安：何，怎么。吾安得夫忘言之人而与之言哉，意谓：我哪能有机会找到忘言之人而同他交谈呢！刘鸿典说：'意在提倡"得意而忘言"。'

【导读】

《列子》，旧题周列御寇撰。列御寇，亦作周寇、列圄寇、列围寇，战国时郑人，西汉刘向《七略》认为与郑穆公同时，《汉书·艺文志》称先于庄子，唐成玄英《庄子疏》、柳宗元《辩列子》都认为与郑缥公同时，《庄子》中有许多关于他的传说。《吕氏春秋·不二》称'子列子贵虚'，'虚'即虚静、无为之意，刘向《列子序》谓'其学本于黄帝老子'。《汉书·艺文志》著录《列子》八篇，列入道家，早佚。今本八卷，东晋张湛序自称是西晋末永嘉之乱后根据各种版本辑录而成。

该书多取先秦诸子及汉代人的言论，并杂有两晋的佛教思想，内容包括了民间传说、寓言和神话故事，其旨意大致归同于老庄，又往往与佛经相参合。唐王朝自称为老子（李耳）的后代，宣扬道教，于天宝元年（742）诏号《列子》

为《冲虚真经》。北宋真宗于景德四年（1007）又加尊为《冲虚至德真经》，将其列为道教重要经典之一。明代宋濂《诸子辨》称『其离形去智，泊然虚无，飘然与大化游，实道家之要言』。注释有东晋张湛注和今人杨伯峻的《列子集释》，另有严北溟、严捷所撰的《列子译注》。

力命（节选）

力谓命曰：『若之功奚若我哉？』命曰：『汝奚功于物而欲比朕？』力曰：『寿夭、穷达、贵贱、贫富、我力之所能也。』命曰：『彭祖之智不出尧舜之上①，而寿八百；颜渊之才不出众人之下②，而寿十八。仲尼之德不出诸侯之下，而困于陈蔡；殷纣之行不出三仁之上③，而居君位。季札无爵于吴④，田恒专有齐国⑤。夷齐饿于首阳⑥，季氏富于展禽⑦。若是汝力之所能，奈何寿彼而夭此，穷圣而达逆，贱贤而贵愚，贫善而富恶邪？』力曰：『若如若言，我固无功于物，而物若此邪，此则若之所制邪？』命曰：『既谓之命，奈何有制之者邪？朕直而推之，曲而任之。自寿自夭，自穷自达，自贵自贱，自富自贫，朕岂能识之哉？朕岂能识之哉？』

北宫子谓西门子曰⑧：『朕与子并世也⑨，而人子达⑩；并族也，而人子贵；并貌也，而人子好；并言也，而人子庸；并行也，而人子诚；并仕也，而人子贵；并农也，而人子富；并商也，而人子利。朕衣则裋褐⑪，食则粢粝⑫，居则蓬室，出则徒行。子衣则文锦，食则粱肉⑬，居则连欐⑭，出则结驷⑮。在家熙然有弃朕之心⑯，在朝谔然有敖朕之色⑰。请谒不及相⑱，邀游不同行，固有年矣。子自以德过朕邪？』西门子曰：『予无以知其实。汝造事而穷，予造事而达，此厚薄之验欤⑲？而皆谓与予并，汝之颜厚矣。』北宫子无以应，自失而归。中途遇东郭先生。先生曰：『汝奚往而反，偊偊而步⑳，有深愧之色邪？』北宫子言其状。东郭先生曰：『吾将舍汝之愧㉑，与汝更之西门氏而问之。』曰：『汝奚辱北宫子之深乎？固且言之㉒。』西门子曰：『北宫子言世族、年貌、言行与予并，而贱贵、贫富与予异。予语之曰：予无以知其实。汝造事而穷，予造事而达，此将厚薄之验欤㉓？而皆谓与予并，汝之颜厚矣。"东郭先生曰："汝之言厚薄不过言才德之差，吾之言厚薄异于是矣。夫北宫子厚于德，薄于命，汝厚于命，薄于德。汝之达，非智得也；北门子之穷，非愚失也。皆天也，非人也。而汝以命厚自矜，北宫子以德厚自愧，皆不识夫固然之理矣。"西门子曰："先生止矣！予不敢复言。"北宫子既归，衣其裋褐，有狐貉之温㉔；进其茙菽㉕，有稻粱之味；庇其蓬室，若广厦之荫㉖，乘其筚辂，若文轩之饰㉗。终身逌然㉘，不知荣辱之在彼也，在我也。东郭先生闻之曰："北宫子之寐久矣，一言而能寤㉙，易怙也哉！"

管夷吾、鲍叔牙二人相友甚戚㉚，同处于齐。管夷吾事公子纠㉛，鲍叔牙事公子小白㉜。齐公族多宠，嫡庶并行㉝。国人惧乱。管仲与召忽奉公子纠奔鲁㉞，鲍叔奉公子小白奔莒㉟。既而公孙无知作乱㊱，齐无君，二公子争入。管夷吾与小白战于莒，道射中小白带钩㊲。小白既立，胁鲁杀子纠，召忽死之，管夷吾被囚。鲍叔牙谓桓公曰："管夷吾能，可以治国。"桓公曰："我仇也，愿杀之。"鲍叔牙曰："吾闻贤君无私怨，且人能为其主，亦必能为人君。如欲霸王，非夷吾其弗可。君必舍之㊳！"遂召管仲。鲁归之齐，鲍叔牙郊迎，释其囚㊴。桓公礼之，而位于高、国之上㊵，鲍叔牙以身下之，任以国政，号曰仲父。管仲尝叹曰："吾少穷困时，尝与鲍叔贾㊶，分财多自与；鲍叔不以我为贪，知我贫也。吾尝为鲍叔谋事而大穷困，鲍叔不以我为愚，知时有利不利也。吾尝三仕，三见逐于君，鲍叔不以我为不肖，知我不遭时也。吾尝三战三北㊷，鲍叔不以我为怯，知我有老母也。公子纠败，召忽死之，吾幽囚受辱；鲍叔不以我为无耻，知我不羞小节而耻名不显于天下也。生我者父母，知我者鲍叔也！"此世称管、鲍善交者，小白善用能者。然而实无私交，实无用能也。实无私交、实无用能者，非更有善交善用能者也。召忽非能死，不得不死；鲍叔非能举贤，不得不举；小白非能用仇，不得不用。

及管夷吾有病，小白问之，曰："仲父之病疾矣，不可讳。云至于大病，则寡人恶乎属国而可？"夷吾曰："公谁欲欤？"小白曰："鲍叔牙可？"曰："不可。其为人洁廉善士也，其于不己若者不比之人，一闻人之过，终身不忘。使之理国，上且钩乎君，下且逆乎民。其得罪于君也，将弗久矣！"

……

地不能犯㊺，圣智不能干㊻，鬼魅不能欺㊼。自然者默之成之，平之宁之，将之迎之㊽。

然而生生死死，非物非我，皆命也。智之所无奈何。故曰：窈然无际㊸，天道自会，漠然无分㊹，天道自运。天故曰：死生自命也，贫穷自时也[49]。怨天折者，不知命者也；怨贫穷者，不知时者也。当死不惧，在穷不戚，知命安时也。

农赴时，商趣利[50]，工追术，仕逐势，势使然也[51]。然农有水旱，商有得失，工有成败，仕有遇否[52]，命使然也。

【注释】

① 彭祖：古代传说中的长寿者，后来就用彭祖一词来喻指长寿。② 颜渊：名回，字子渊，孔子弟子。贫居陋巷，箪食瓢饮，而不改其乐，以德行著称，不幸短命而死，后被尊为『复圣』。③ 三仁：指殷商末年的微子、箕子和比干。语出《论语·微子》：『微子去之，箕子为之奴，比干谏而死。孔子曰：殷有三仁焉。』④ 季札：春秋吴王寿梦少子，公子札，有贤德，寿梦欲立之，辞而不受，封于延陵（今江苏武进），号延陵季子。⑤ 田恒：即陈成子，陈厉公之孙，陈完之子，因陈氏内乱而逃到齐国，改姓田氏，世代为卿，后夺齐简公政，世称田齐。⑥ 夷齐：即伯夷、叔齐。商末孤竹君二子。初孤竹君以次子叔齐为继承人，孤竹君死后，叔齐让位，伯夷不受，后两人闻周文王善养老而入周。武王伐纣，二人劝谏。武王灭商后，二人隐居首阳山，不食周粟而死。⑦ 季氏：即季孙氏，与孟孙氏、叔孙氏为鲁国当政的三家，因为都是鲁桓公的后代，故又称『三桓』。展禽：即柳下惠，春秋时鲁国大夫。展氏，名获，字禽。食邑在柳下，谥惠，故称柳下惠。⑧ 北宫子、西门子：均为虚构人物，以居处为名。⑨ 并世：同时生活在世界上，指辈分相同。⑩ 人子达：即『人达子』，为宾语前置句式。达，使显达。子，你的敬称。⑪ 袒褐：粗陋之衣，多为贫苦者所服。袒，古时指童仆所穿的粗布衣服，也泛指粗布衣服。⑫ 粢粝：粗劣的饭食。粢，糙饭团。粝，粗米。⑬ 粱肉：以粱为饭，以肉为肴，用来比喻食物丰盛。《史记·平准书》：『守闾阎者食粱肉。』《汉书·食货志》：『衣必文采，食必粱肉。』⑭ 连棁：高楼大厦。棁，栋，中梁。⑮ 结驷：用套绳将四匹马挽结在一起驾车。⑯ 熙然：和乐的样子。弃，丢弃，此指冷落。

⑰谔然：直言貌。谔，直言，说话直率，公正。敖：同"傲"，傲慢，轻视。⑱谒：请见，进见。⑲厚薄之验：指德行厚薄之验证。⑳偶偶：同"踽踽"，孤独落寞的样子。㉑舍：意同"释"，消除，去掉。㉒固且：姑且，暂且。㉓将：抑或，可能是。㉔狐：狐狸。貉：野兽名，毛棕色，耳小，嘴尖，昼伏夜出。狐、貉的毛皮都可用来制裘。《论语·子罕》孔子有言："衣敝缊袍，与衣狐貉者立，而不耻者，其由也与？"㉕荍菽：同"戎菽"，大豆。㉖筚辂：柴车。㉗轩：古代一种前顶较高而有帷幕的车子，供大夫以上乘坐。也用作车子的通称。㉘逌然：舒适自得的样子。㉙寤：同"悟"。觉悟，了解。㉚管夷吾：即春秋时齐国管仲，初事公子纠，后辅佐齐桓公，使齐国富兵强而称霸，桓公尊为仲父。鲍叔牙：春秋时齐国大夫，少时善遇管仲，后共事齐桓公。管仲事公子纠，纠死后被囚，鲍叔牙向齐桓公举荐管仲，桓公听其言而任用管仲为相，最终成就霸业。戚：亲近。㉛公子纠：齐襄公之子，名纠，齐桓公（公子小白）的兄弟。㉜公子小白：即齐桓公，名小白，以攘夷狄，一匡天下，九合诸侯，称霸诸侯。管仲死后，襄公无道而出奔莒国，襄公被弑后，与公子纠回国争夺王位，后胜出为君，任用管仲为相，称霸诸侯。管仲死后，怠政用佞，霸业遂衰。㉝公族：诸侯的同族。嫡庶并行，正妻所生之子。庶，妾媵所生之子。嫡庶并行被视为乱礼之举。事参《史记·齐太公世家》："六十四年，齐庄公卒，子釐公禄甫立。"釐公三十二年，釐公同母弟夷仲年死。其子曰公孙无知，釐公爱之，令其秩服奉养比太子。"㉞召忽：齐国大臣。㉟莒：古国名，西周分封的诸侯国，公元前431年为楚国所灭。㊱公孙无知：夷仲年之子，弑齐襄公自立，后被渠丘大夫雍林所杀。㊲带钩：古人衣带上的饰物，用玉器、铜器制成。㊳舍：同"赦"，赦免；或作"释"，释放。㊴囚：指桎梏，即脚镣和手铐。㊵高、国：指齐国正卿高氏和国氏，两家皆为齐执政大臣。㊶贾：经商，做买卖。㊷北：打败仗后落荒而逃。㊸窈然无际：深邃幽远，无边无际。㊹漠然无分：无声无息，没有区分。漠，同"寞"。㊺犯：违背。㊻干：

干扰。㊽魅:鬼魅,精怪。旧时迷信以为物老则成鬼魅。㊽将之迎之:天道运行顺随万物,无所作为和干预。㊾贫穷……依上文『死生自命』看来,应作『贫富』。㊾趣:同『趋』,向往,追求。㊿势:情势。㊾遇否:际遇和不顺。

说符(节选)

子列子学于壶丘子林①。壶丘子林曰:『子知持后,则可言持身矣②。』列子曰:『愿闻持后。』曰:『顾若影,则知之③。』列子顾而观影:形枉则影曲,形直则影正。然则枉直随形而不在影,屈申任物而不在我⑤,此之谓持后而处先。

关尹谓子列子曰⑥:『言美则响美⑦,言恶则响恶;身长则影长,身短则影短。名也者⑧,响也;身也者,影也⑨。故曰:慎尔言,将有和之⑩;慎尔行,将有随之,是故圣人见出以知入,观往以知来,此其所以先知之理也⑪。度在身⑫,稽在人⑬。人爱我,我必爱之,人恶我,我必恶之。汤武爱天下,故王⑭;桀、纣恶天下,故亡,此所稽也。稽度皆明而不道也⑮,譬之出不由门,行不从径也⑯。以是求利⑰,不亦难乎?尝观之神农有炎之德⑱,稽之虞、夏、商、周之书⑲,度诸法士贤人之言⑳,所以存亡废兴而非由此道者,未之有也。』

严恢曰:『所为问道者为富㉑,今得珠亦富矣,安用道㉒?』子列子曰:『桀纣唯重利而轻道,是以亡。幸哉余未汝语也㉓!人而无义㉔,唯食而已,是鸡狗也。强食靡角,胜者为制,是禽兽也。为鸡狗禽兽矣,而欲人之尊己,不可得也。人不尊己,则危辱及之矣㉕。』

列子学射,中矣,请于关尹子㉖。尹子曰:『子知子之所以中者乎?』对曰:『弗知也㉗。』关尹子曰:『未可。』退而习之。三年,又以报关尹子。尹子曰:『子知子之所以中乎?』列子曰:『知之矣。』关尹子曰:『可矣,守而勿失也。非独射也,为国与身亦皆如之㉘。故圣人不察存亡,而察其所以然㉙。』

列子曰:『色盛者骄㉚,力盛者奋,未可以语道也。故不班白语道,失㉛,而况行之乎㉜?故自奋则人莫之告㉝。

人莫之告，则孤而无辅矣[34]。贤者任人，故年老而不衰，智尽而不乱。故治国之难，在于知贤而不在自贤[35]。

宋人有为其君以玉为楮叶者，三年而成。锋杀茎柯[36]，毫芒繁泽[37]，乱之楮叶中，而不可别也[38]。此人遂以巧食宋国。子列子闻之曰：『使天地之生物，三年而成一叶，则物之叶者寡矣。故圣人恃道化而不恃智巧[39]。』

郑子阳即令官遗之粟[40]。子列子出，见使者，再拜而辞。使者去。子列子入，其妻望之而拊心曰[41]：『妾闻为有道者之妻子，皆得佚乐，今有饥色，君过而遗先生食。先生不受，岂不命也哉？』子列子笑谓之曰：『君非自知我也。以人之言而遗我粟，至其罪我也，又且以人之言[44]，此吾所以不受也。』其卒，民果作难，而杀子阳。

鲁施氏有二子，其一好学，其一好兵。好学者以术干齐侯[45]，齐侯纳之，以为诸公子之傅[46]。好兵者之楚，以法干楚王[47]，王悦之，以为军正。禄富其家，爵荣其亲。施氏之邻人孟氏，同有二子，所业亦同，而窘于贫，羡施氏之有，因从请进趋之方[48]。二子以实告孟氏。孟氏之一子之秦，以术干秦王。秦王曰：『当今诸侯力争，所务兵食而已。若用仁义治吾国，是灭亡之道。』遂宫而放之[49]。其一子之卫，以法干卫侯。卫侯曰：『吾弱国也，而摄乎大国之间。大国吾事之，小国吾抚之，是求安之道。若赖兵权，灭亡可待矣。若全而归之，适于他国，为吾之患不轻矣。』遂刖之而还诸鲁[50]。既反，孟氏之父子叩胸而让施氏[51]。施氏曰：『凡得时者昌，失时者亡。子道与吾同，而功与吾异，失时者也，非行之谬也。且天下理无常是，事无常非。先日所用，今或弃之；今之所弃，后或用之。此用与不用，无定是非也。投隙抵时[52]，应事无方[53]，属乎智，智苟不足，使若博如孔丘，术如吕尚[54]，焉往而不穷哉？』孟氏父子舍然无愠容[55]，曰：『吾知之矣，子勿重言！』

晋国苦盗[56]，有郄雍者，能视盗之貌，察其眉睫之间而得其情。晋侯使视盗，千百无遗一焉。晋侯大喜，告赵文

第二章 道家

三一八

子曰：「吾得一人，而一国盗为尽矣，奚用多为⁵⁷？」文子曰：「吾君恃伺察而得盗，盗不尽矣，且郄雍必不得其死焉⁵⁸。」俄而群盗谋曰：「吾所以穷者郄雍也⁵⁹。」遂共盗而残之⁶⁰。晋侯闻而大骇，立召文子而告之曰：「果如子言，郄雍死矣！然取盗何方⁶¹？」文子曰：「周谚有言：察见渊鱼者不祥⁶²，智料隐匿者有殃⁶³。且君欲无盗，莫若举贤而任之，使教明于上，化行于下，民有耻心，则何盗之为？」于是用随会知政⁶⁴，而群盗奔秦焉。

赵襄子使新穉穆子攻翟⁶⁵，胜之，取左人中人⁶⁶，使遽人来谒之⁶⁷。襄子方食而有忧色。左右曰：「一朝而两城下，此人之所喜也，今君有忧色，何也？」襄子曰：「夫江河之大也⁶⁸，不过三日；飘风暴雨不终朝，日中不须臾⁶⁹。今赵氏之德行，无所施于积⁷⁰，一朝而两城，亡其及我哉！」孔子闻之曰：「赵氏其昌乎⁷¹！夫忧者所以为昌也，喜者所以为亡也⁷²。胜非其难者也，持之其难者也⁷³。贤主以此持胜，故其福及后世。齐、楚、吴、越皆尝胜矣，然卒取亡焉，不达乎持胜也。唯有道之主为能持胜。」孔子之劲能拓国门之关⁷⁴，而不肯以力闻。墨子为守攻，公输般服⁷⁵，而不肯以兵知。故善持胜者，以强为弱。

楚庄王问詹何曰：「治国奈何⁷⁶？」詹何对曰：「臣明于治身而不明于治国也。」楚庄王曰：「寡人得奉宗庙社稷，愿学所以守之⁷⁷。」詹何对曰：「臣未尝闻身治而国乱者也，又未尝闻身乱而国治者也。故本在身⁷⁸，不敢对以末⁷⁹。」楚王曰：「善！」

狐丘丈人谓孙叔敖曰⁸⁰：「人有三怨，子知之乎？」孙叔敖曰：「何谓也？」对曰：「爵高者人妒之，官大者主恶之，禄厚者怨逮之⁸¹。」孙叔敖曰：「吾爵益高，吾志益下；吾官益大，吾心益小；吾禄益厚，吾施益博。以是免于三怨，可乎？」

杨子之邻人亡羊⁸²，既率其党，又请杨子之竖追之⁸³。杨子曰：「嘻！亡一羊何追者之众？」邻人曰：「多歧路。」

诸子百家

既反(84)，问：「获羊乎？」曰：「亡之矣。」曰：「奚亡之？」曰：「歧路之中又有歧焉。吾不知所之，所以反也。」杨子戚然变容，不言者移时(85)，不笑者竟日。门人怪之，请曰：「羊贱畜，又非夫子之有，而损言笑者何哉？」杨子不答。门人不获所命(86)。弟子孟孙阳出，以告心都子。心都子他日与孟孙阳偕入而问曰(87)：「昔有昆弟三人，游齐鲁之间，同师而学，进仁义之道而归。其父曰：『仁义之道若何？』伯曰(88)：『仁义使我爱身而后名。』仲曰：『仁义使我杀身以成名。』叔曰：『仁义使我身名并全。』彼三术相反，而同出于儒。孰是孰非邪？」杨子曰：「人有滨河而居者(89)，习于水，勇于泅(90)，操舟鬻(91)，利供百口，裹粮就学者成徒(92)，而溺死者几半。本学泅不学溺，而利害如此。若以为孰是孰非(93)，心都子嘿然而出。孟孙阳让之曰：「何吾子问之迂(94)，夫子答之僻(95)？吾惑愈甚。」心都子曰：「大道以多歧亡羊，学者以多方丧生。学非本不同(96)，非本不一，而末异若是。唯归同反一，为亡得丧(97)。子长先生之门(98)，习先生之道，而不达先生之况也(98)，哀哉！」

人有亡铁者(100)，意其邻之子(101)，视其行步，窃铁也；颜色(102)，窃铁也；言语，窃铁也；动作态度，无为而不窃铁也(103)。俄而抇其谷而得其铁(104)，他日复见其邻人之子，动作态度，无似窃铁者。

【注释】

①子：古人对自己老师的尊称。壶丘子林：为一人名，列子的老师。②子：代词，表示第二人称，相当于「你」。③顾：回头看。若：你。影：影子。④枉：弯曲。⑤屈：弯曲。申：伸展。任：听凭，任凭。⑥关尹：《古今图书集成》卷二百二十五：「关令尹喜，字公文，周大夫，善内学，常服日精月华，隐德修行，时人莫知。老子西游，喜先见紫气来，知有真人当过，物色而遮之，果得老子。」后随之出关西去，「与俱游流沙，莫知所终」。⑦言：言语，声音。响：回声。⑧名：名声。⑨身也者，影也：此句意思是指影与身相随，比喻人有什么样的言行就有什么样的结果。⑩慎：谨慎，慎重。尔：你的。和：

⑪其：指圣人。所以：用来。先：时间上在前的。知：通晓，明白。⑫度：礼度。⑬稽：应验。⑭王：称王。

相应。⑮道：指遵从道理、法则。⑯径：小路，小道。⑰是：代词，指代上文所讲的『出不由门，行不从径』这样的行为。

⑱神农：亦称神农氏。传说为中华民族的祖先，他不仅是传授人类播种五谷的农业祖先，也是尝百草传授人们以药

治病的医学发明人。有炎：即神农。⑲虞：朝代名，舜帝有天下之号。⑳度：量。㉑问：

求学。㉒安：岂，怎么，表疑问。用：采用。㉓幸哉：表感叹。余：我。㉔义：得理之宜。㉕危辱：危险和耻辱。及：

来临。之：指自己。㉖尹子：即关尹子。㉗弗：不。㉘为国：治国。如：按照。㉙其所以然：存亡的原因。㉚色：面色。

㉛班白：同『斑白』，意思是指须发斑白的老人。此句意思是指若须发不斑白而语道，未有不失者矣。㉜行：使行道

此句意指用玉所做的楮叶茎干粗细逼真。

㉝莫之告：宾语前置，意为不告诉自己。㉞辅：辅助。㉟自贤：自以为贤。㊱锋杀：锋，又作『丰』。丰杀，肥瘦。

天地之道的化育。㊵子阳：郑相，一说郑君。㊶无乃：表示委婉反问，不是，岂不是。㊷遗：给予，赠送。㊸拊：同『抚』，

拊心表示列子之妻有怨望之意。㊹且：将。㊺干：干预，涉及。㊻傅：教导、辅佐帝王或王子的人。㊼军正：军队中执法

的官。㊽进趋之方：指达到富贵地位的方法。㊾官：指施以官刑。放：驱逐。㊿刖：古代的一种酷刑，把脚砍掉。㊿让：

责备。㊾应事无方：对事情的反应与处理没有固定的方法。㊿吕尚：姜姓，吕氏，

名望，字子牙，也称吕尚，辅佐周文王、周武王讨伐商纣。㊿舍然：即释然，指怒气消散的样子。㊿苦盗：为盗贼所

苦。㊿奚：何。㊿不得其死：指邹雍不能够正常死亡。㊿穷：困窘。㊿残：杀害。㊿取盗：指消除盗贼。何方：什么方法。

㊿渊鱼：深水中的鱼。祥：吉祥。㊿料：估计，料想。殃：灾祸。㊿随会：人名。知：主持。㊿穆子：襄子家臣。翟：同

『狄』，古代中国北方的少数民族。㊿左人、中人：翟的两个邑名。㊿遽人：传达命令的人。谒：告诉。㊿江河之大：指

江河涨潮。⑲飘风：大风。终朝：整天。须臾：片刻，形容时间很短。⑰施：疑为衍字。积：积德。⑪忧者：指忧德行之不积。⑫喜者：喜一日下两城。⑬持：持守，保持。之：指代胜利。⑭劲：力气。拓：举。⑮墨子为守攻，公输般服，意思是指公输般善作攻器，墨子设守能退却他。⑯奈何：用什么方法。⑰守：指守宗庙社稷，意为守持政权。⑱本：根本，基础，文中指治身。⑲末：不重要的事。⑳狐丘：邑名。丈人：年长的老人。孙叔敖：楚国大夫。㉑逮：应为「处」。怨处之，意为怨雠之所处。㉒杨子：指杨朱，战国时期著名哲学家。㉓竖：童仆。㉔反：通「返」。㉕移时：多时。㉖所命：指杨子的回答和教导。㉗偕：共同，一起。㉘伯：排行第一。㉙滨河：在水边陆地上。㉚泗：游泳。㉛鬻：卖，交易。㉜亡：通「无」。㉝徒：众，指人很多。㉞迂：迂曲。㉟僻：生僻，不好理解。㊱非本不同：不是根本不同。㊲嘿然：默然。㊳长：位高，排序在上。指孟孙阳在杨朱门下弟子中地位高。㊴况：譬喻。㊵铁：斧头。㊶意：怀疑。㊷颜：面容。㊸无为。㊹扣：古「掘」字。

没有一个行为。

《关尹子》

【导读】

《关尹子》，又称《关令子》《文始真经》，是道家著作。该书旧题周代尹喜撰。尹喜有人说是关尹，为函谷关尹。相传老子西游至函谷关，喜强留，老子授《道德经》五千言后便离开。《吕氏春秋·不二》称「关尹贵清」，关尹。《庄子·天下》把他和老聃并列，赞叹他们是「古之博大真人」。他的主要思想是：主张「常无」「常有」，将「太一」作为万物的根本，做人以「其动若水，其静若镜，其应若响」为准则。道教尊其为「无上真人」「文始先生」。《汉书·艺文志》著录《关尹子》九篇，《隋书·经籍志》《新唐书·艺文志》等均未录载，原本或已佚失。今本系南宋时出于永嘉孙定家，多法释氏及神仙方技家而杂以儒家之言，《四库提要》称其为唐、五代时方士之解文章者所作。

全书分为九篇，即一宇、二柱、三极、四符、五鉴、六匕、七釜、八筹、九药。此处所选为其中的《柱篇》。

柱篇（节选一）

柱者，建天地也。

关尹子曰：若碗若盂，若瓶若壶，若瓮若盎，皆能建天地。兆龟数蓍，破瓦文石，皆能告吉凶①。是知天地万物成理，一物包焉，物物皆包之，各不相借②。以我之精，合彼之精③。两精相搏，而神应之。一雌一雄，卵生；一牝一牡，胎生。形者，彼之精；理者，彼之神④。爱者，我之精，观者，我之神。爱为水，观为火。爱执而观因之为木，观存而爱摄之为金⑤。先想乎一元之气具乎一物执。执爱之以合彼之形，冥观之以合彼之理，则象存焉⑥。一运之象，周乎太空，自中而升为天，自中而降为地⑦。无有升而不降，无有降而不升⑧。升者为火，降者为水。欲升而不能升者为木，欲降而不能降者为金。木之为物，钻之得火，镕之得水。金之为物，击之得火，叡之得水。金木者，水火之交也。水为精为天，火为神为地，木为魂为人，金为魄为物。运而不已者为时，包而有在者为方，惟土终始之，有解之者，有示之者⑨。

曰：天下之人盖不可以亿兆计⑩，人人之梦各异，夜夜之梦各异。有天有地，有人有物，皆思成之⑪，盖不可以尘计，安知今之天地非有思者乎。

曰：心应枣，肝应榆，我通天地⑫，将阴梦水，将晴梦火，天地通我⑬。我与天地，似契似离，纯纯各归⑭。

曰：天地虽大，有色有形，有数有方⑮。吾有非色非形非数非方，而天天地地者⑯。

曰：死胎中者，死卵中者，亦人亦物，天地虽大，彼固不知⑰，计天地者，皆我区识⑱，譬如手不触刃，刃不伤人。

曰：梦中鉴中水中，皆有天地存焉⑲，欲去梦，天地者寝不寐，欲去鉴，天地者形不照，欲去水，天地者盎不汲⑳。彼之有无，在此不在彼㉑。是以圣人不去天地去识。

曰：天非自天，有为天者；地非自地，有为地者㉒。譬如屋宇舟车，待人而成，彼不自成㉓。知彼有待，知此无待㉔。

曰：上不见天，下不见地，内不见我，外不见人。

曰：有时者气，彼非气者，未尝有昼夜㉕。有方者形，彼非形者，未尝有南北㉖。何谓非形？形之所自生者，如钻木得火。彼未钻时，非火之形；簸得风㉗。彼未摇时，非风之气。彼已摇时，即名为气。彼已钻时，即名为形㉘。曰：寒暑温凉之变，如瓦石之类，置之火即热，置之水即寒，呵之即温，吸之即凉㉙。特因外物有去有来，而彼瓦石实无去来。譬如水中之影，有去有来。所谓水者，实无去来㉚。

曰：衣摇空得风，气呵物得水，水注水即鸣，石击石即光。知此说者，风雨雷电皆可为之㉛。盖风雨雷电皆缘气而生，而气缘心生。犹如内想大火，久之觉热，内想大水，久之觉寒。知此说者，天地之德皆可同之㉜。

曰：五云之变，可以卜当年之丰歉㉝；八风之朝，可以卜当时之吉凶㉞。是知休咎灾祥，一气之运耳。浑人我，同天地㉟，而彼私智认而已之。

曰：天地寓，万物寓，我寓，道寓，苟离于寓，道亦不立㊱。

【注释】

①兆：吉凶之预兆。龟、蓍、破瓦、文石皆占卜吉凶的工具。②物物皆包之：即物物均包藏妙道，天地万物均不离于妙道。不相借：指物具足，不需要相借。③我：指占卜之人。彼：指龟蓍瓦石。④彼：雌雄也。雌雄相感而混融为一，则成卵胎，是雌雄之精。理：雌雄之神。⑤我：指一切人。精：指人萌一爱念。神：指目观色。精属于水，因此观亦为火。木绞之得水，钻之得火，以见子之形。观为神，爱为精，二者相结合，则化为金。金击之得火，熔之得水。⑥先想乎一元之气：指父

性真空，本来清静。忽萌想欲念，如道生一气也。具乎一物：既萌欲念，则母形已具于识中。爱之以合彼之形：父母交感。⑦自中而升为天：阳气轻清，自太极中上升，结而为天。自中而降为地：阴气重浊，自太极中下降，凝而为地。⑧无有升而不降，无有降而不升：指升降往来，周流不息，所以生生化化而无极。有升则有降，若无升则无降。无升无降，则无生死也。⑨惟土终始之：土四季皆旺。一年自始至终所生之物皆有土气。解散而隐藏之意。有解之者：闻微言而解悟妙意。有示之者：直接顿悟妙意。⑩兆：十亿为一兆。⑪皆思成之：日常所染，存于意识，在梦中显现。⑫心应枣：天地万物，各属五行。枣赤属于火，火在脏为心。肝应榆：榆青属于木，木在脏为肝。我通天地：天地阴阳二气交感而生枣榆，心应枣肝应榆，因此我与天地相通。⑬将阴梦水：指天气欲降，地气欲升，将作阴云为雨。阴气感人，夜即梦水。将晴梦火：天气欲敛其降，地气欲收其升。阳气感人，夜即梦火。⑭我与天地，似契似离：天地有人，人亦有天地。⑮有色：道是纯一的，是天地人的归宿。⑯非色：道是指天玄地黄。有形：天圆地方。有数：天地即使有色形，但也有毁灭的一天。有方：天地有八极上下。⑰彼：死胎中的人与卵中物。这句话的意思是：天地与人都有未生而死之本性。⑱计天地者，皆我区识：天地人都有道，道是纯一的，是人自己区分的。⑲梦中鉴中水中：人性虽在胎中，未知有天地，出生之后，长大之时，才知道上是天，下是地。天地其实是人自己区分的。⑳盎：一种腹大口小的盛器。汲：从井里取水。㉑彼：梦、鉴、水。人用镜子上下照鉴天地，人视潭水中上下都是天地。㉒天非自天，有为天者，地非自地，有为地者：天地不能自生，生天地的乃是道。㉓譬如屋宇舟车，待人而成，此：识。㉔待：凭借，依靠。㉕有时者气，彼不自成：道生成天地，屋宇舟车靠人才得以成就。它们都不是自己能成就自身的。

彼非气者，未尝有昼夜；道不是气，道在没有生一气之前，也没有天地日月，更没有昼夜。㉖有方者形，彼非形者，未尝有南北；道是没有形的，道在没有生一气之前，也没有天地的形状，更没有东西南北。㉗筐：指竹扇。㉘"何谓"以下句：比喻无极而太极，太极分而天地之形位。㉙"寒暑"以下句：指道运元气，变化阴阳五行，而形成冬寒、春温、秋凉四时的变迁。㉚所谓水者，实无去来。先以瓦石水火呵吸，比喻元气寒暑温凉之去来。元气如水火金木之气，如水中之影。影有来去，水无来去。以此探讨水金木之气有盛衰去来，而元气实无去来。元气尚无寒暑温凉之去来，何况道呢！㉛知此说者，风雨雷电皆可为之；旨在说明人是小天地，天地是大人。风雨雷电，天地所为，人也能为之。如人可以摇扇，虚空得风，人以气呵物，便得水，这些都是风雨之象。㉜知此说者，天地之德皆可同之；意思是人可与天地相通。㉝五云：五色云。㉞歉：饥馑不收。此句意思是指可随五色云判断丰歉。㉟八风：八卦之方所起之风。《占风书》说：从乾方来，即半凶半吉；从坎方来，则无吉无凶，名曰融风，亦名凶风；从艮方来风，从震方来风，为大吉之风；从离方来风，亦为大吉，从坤方来风，凶风；从兑方来风，为大凶。㊱浑人我，同天地。人我天地皆是一气运行所生，因此人我天地本无差别。

我寓：我本无我，无我之我，寄托于道之元气而有其生。道寓：道本无名，圣人寄托于强名，以宣此道。天地寓：天地寄托于太虚元气之内。万物寓：万物寄托于天地之间，元气之内。

《关尹子》（节选二）

关尹子曰：天无不覆①，有生有杀，而天无爱恶。日无不照，有妍有丑②，而日无厚薄③。

关尹子曰：勿以行观圣人，道无迹。勿以言观圣人，道无言。勿以能观圣人，道无为。勿以貌观圣人，道无形。

关尹子曰：圣人之于众人，饮食衣服同也，屋宇舟车同也，富贵贫贱同也④。众人每同圣人，圣人每同众人。彼仰其高侈其大者⑤，其然乎？其不然乎？

关尹子曰：鱼欲异群，鱼舍水越岸即死；虎欲异群，虎舍山入市即擒。圣人不异众人，特物不能拘耳⑥。

关尹子曰：利害心愈明，则亲不睦；贤愚心愈明，则友不交；是非心愈明，则事不成；好丑心愈明，则物不契⑦，是以圣人浑之⑧。

关尹子曰：世之愚拙者⑨，妄援圣人之愚拙自解⑩，殊不知圣人时愚时明，时拙时巧。

关尹子曰：所谓圣人之道者，胡然汒汒尔⑪，胡然彻彻尔⑫，胡然堂堂尔⑬，胡然臧臧尔⑭。惟其遍偶万物⑮，而无一物能偶之⑯，故能贵万物⑰。

关尹子曰：目视雕琢者，明愈伤。耳闻交响者，聪愈伤。心思玄妙者，心愈伤。

关尹子曰：勿以我心揆彼⑱，当以彼心揆彼。知此说者，可以周事，可以行德⑲，可以贯道⑳，可以交人㉑，可以忘我。

关尹子曰：天下之理，小不制至于大，大不制至于不可制㉒。故能制一情者㉓，可以成德。能忘一情者，可以契道。

关尹子曰：人之少也，当佩乎父兄之教㉔；人之壮也，当达乎朋友之箴㉕；人之老也，当警乎少壮之说。万化虽移，不能厄我㉖。

是道也，其来无今，其往无古，其高无盖，其低无载，其大无外，其小无内，其外无物，其内无人，其近无我，其远无彼。不可析㉗，不可合，不可喻，不可思，惟其浑沦㉘，所以为道。

一道皆道。不执之则道㉚，执之则物。

关尹子曰：均一物也，众人惑其名，见物不见道。贤人析其理㉙，见道不见物。圣人合其天，不见道，不见物，

关尹子曰：知物之伪者㉛，不必去物。譬如见土牛木马㉜，虽情存牛马之名，而心忘牛马之实。

关尹子曰：勿轻小事，小隙沉舟㉝。勿轻小物，小虫毒身。勿轻小人，小人贼国㉞。能周小事㉟，然后能成大事。

能积小物，然后能成大物。能善小人，然后能契大人㊱。天既无可，必者人。人又无能㊲，必者事。惟去事离人，则我在我，惟可即可。未有当繁简可，当戒忍可㊳，当勤惰可。

关尹子曰：智之极者，知智果不足以周物，故愚。辩之极者，知辩果不足以喻物㊴，故讷㊵。勇之极者，知勇果不足以胜物，故怯。

关尹子曰：狡胜贼㊶，能捕贼。勇胜虎，能捕虎。能克㊷己，乃能成己。能胜物，乃能利物㊸。能忘道，乃能有道。

关尹子曰：函坚㊹，则物必毁之，刚斯折矣。刀利，则物必摧之，锐斯挫矣。威凤以难见为神，走麝以遗香不捕㊺，是以圣人以约为纪㊻。

关尹子曰：人之有失，虽已受害于己失之后，久之，窃议于未失之前。惟其不恃己聪明，而兼人之聪明，惟其无我，而兼天下之我，终身行之，可以不失。

关尹子曰：有道交者㊼，有德交者，有事交者。道交者，父子也，出于是非贤愚之外，故久㊽。德交者，则有是非贤愚矣，故或合或离。事交者，合则离。

关尹子曰：不可非世是己，不可卑人尊己，不能轻忽道己，不可以讪谤德己㊾，不可以鄙猥才己㊿。

关尹子曰：困天下之智者[51]，不在智而在愚。穷天下之辩者[52]，不在辩而在讷。伏天下之勇者，不在勇而在怯。

关尹子曰：少言者不为人所忌。少行者不为人所短[54]。少智者不为人所劳[55]。少能者不为人所役。

【注释】

①覆：覆盖，覆荫。②妍：美丽，美好。③日无厚薄：阐玄本注曰：「圣人之治天下亦然。圣人之道如天，圣人之德如地，圣人之用如日。」④宇：或作「室」。⑤侈：以⋯⋯为过分。⑥特：唯独，仅，只是。拘：拘束，羁绊。⑦契：

第二章 道家

《文子》

【导读】

《文子》，战国时期文子著。《汉书·艺文志》道家类著录《文子》九篇，北魏李暹、唐徐灵府注俱十二篇。暹并谓文子姓辛名钘，葵丘濮上人，即范蠡之师计然，本来师从于老聃，其说不可考。唐代与《老子》《庄子》并重，唐玄

合，相应。⑧浑：同"混"，混淆。⑨世：或作"心"。⑩援：援引。⑪胡：何其，多么。子子：特出、独立的样子。⑫彻彻：通彻明亮的样子。⑬堂堂：或作"唐唐"，深奥的样子。⑭臧臧：美妙的样子。⑮遍：普遍，同等。遍偶：同等对待。⑯偶之：与之相偶，可以相提并论，可以相互比较。⑰贵万物：贵于万物，贵在万物之上。⑱揆：揣度，猜测。⑲行德：使德行流转，增进德行。⑳贯道：贯通至道。㉑交人：与人结交为友。㉒制：治理。㉓情：情欲。㉔佩：随身佩带。㉕达：通晓，了解。㉖厄：危害，使陷入困境。㉗析：分割。㉘浑沦：浑然一片。㉙析其理：分析事物的性理。㉚不执之：不偏执于某一事物。㉛伪：虚假不实。㉜"土"前或无"见"字。㉝小隙：小的裂缝。㉞贼：危害，祸害。㉟周：周全，周到。㊱契大人：符合君子的标准与要求。大人：指君子。㊲"又"

麝香遗弃，人见之无麝而不捕捉。麝，貌似鹿而小，肚脐旁有泌囊，能分泌麝香，又称香獐子。㊶以约为纪：与前面的"以深为根"意同，均指以无形之道为立身行事的根本和纲纪，少私寡欲，谨言慎行。㊷道交：以道相交友。㊸久：长久不散。㊹穷：使辞穷，使无或作"道"。㊺讪谤：诋毁诽谤。㊻鄙猥：鄙陋猥琐。猥：鄙贱，卑下。㊼困：使困窘，使窘迫。㊽短：指出缺点。㊾少智：少炫耀智慧。劳：劳累。㊿克己：战胜情欲。㊶忍：忍心，狠心。㊷喻：同"谕"，使人明白。㊸讷：语言迟钝，不善言辞。㊹函：铠甲。㊺走麝以遗香不捕：逃跑的麝将㊻狡胜贼：智慧胜过盗贼。㊼有人认为没有。㊽利物：使物有利于自己，不为物所累。

话可说。㊾"伏天"两句：有人认为没有这两句。

诸子百家

宗天宝元年（742年）诏号为《通玄真经》，列为道教经典之一。明代宋濂《诸子辨》视其为《老子》义疏，《道藏目录详注》曰：'归本太上之言，历陈天人之道，时变之宜，萃万古于一篇，诚经世之枢要。'今本十二卷，包括《道原》《精诚》《九守》《符言》《道德》《上德》《微明》《自然》《下德》《上仁》《上义》《上礼》等。

全书内容以老子的「道」为宗旨，阐发道原、无为、自然、微明等哲学思想，同时杂取糅合儒、墨、名、法诸家的思想。其中文句与《淮南子》相同之处甚多，《道德》篇也有与《商君书》相似的内容，传统见解认为是西汉时期的作品，今人据1973年在河北定县（今定州）发掘的汉墓竹简证明为战国时期著作。

本文选自《九守》，「九守」具体包括守虚、守无、守平、守易、守清、守真、守静、守法、守弱、守朴，篇名《九守》，而分十目，因古人以九为数终，十不可以为数。因为篇幅有限，在此虽未能全录，然其以无欲无为、自然清静为要旨，基本思想颇同于《老子》，在这里可窥见一斑。

九守（节选）

守平

老子曰：'尊势厚利①，人之所贪，比之身则贱。故圣人食足以充虚接气，衣足以盖形御寒，适情②辞余。不贪得，不多积，清目不视，静耳不听，闭口不言，委心不虑③，弃聪明反太素④，休精神去知故，无好憎，是谓大通，除秽去累，莫若未始出其宗，何为而不成。知养生之和者，即不可悬以利，通内外之符者，不可诱以势。无外之外至大，无内之内至贵。能知大贵，何往不遂。'

守易

老子曰：'古之为道者，理情性，治心术，养以和⑤，持以适，乐道而忘贱，安德而忘贫，性有不欲，无欲而不得。

心有不乐，无乐而不为。无益于性者，不以累德。不便于生者，不以滑和⑥。不纵身肆意⑦，而制度可以为天仪⑧。量腹而食，制形而衣，容身而居，适情而行，余天下而不有⑨，委万物而不利，岂为贫富贵贱失其性命哉？夫若然者，可谓能体道⑩矣。」

守清

老子曰：「人受气于天者，耳目之于声色也，鼻口之于芳臭⑪也，肌肤之于寒温也，其情一也。或以死，或以生，或为君子，或为小人，所以为制者异。神者，智之渊也；神清则智明。智者，心之府也；智公则心平。人莫鉴于流潦⑫，而鉴于澄水，以其清且静也。故神清意平，乃能形⑬物之情。故用之者必假于不用者。夫鉴明者，则尘垢不污也。神清者，嗜欲不误也。故心有所至，则神慨然在之，反之于虚，则消躁藏息矣，此圣人之游也⑭。故治天下者必达性命之情而后可也。」

守真

老子曰：「夫所谓圣人者，适情而已，量腹而食，度形而衣，节乎己而贪污⑮之心无由生也。故能有天下者，必无以天下为也，能有名誉者，必不以越行⑯求之。诚达性命之情，仁义因附也。若夫神无所掩，心无所载，通洞条达⑰，澹然⑱无事，势利不能诱，声色不能淫，辩者不能说，智者不能动，勇者不能恐，此真人之游也。夫生生者不生⑲，化化者不化，不达此道者，虽知统天地，明照日月，辩解连环，辞润金石，犹无益于治天下也。故圣人不失所守。」

守静

老子曰：「静漠恬惔，所以养生也。和愉虚无，所以据德也。外不乱内，即性得其宜。静不动和，即德安其位。养生以经⑳世，抱德以终年，可谓能体道矣。若然者，血脉无郁滞，五藏无积气，祸福不能矫滑㉑，非誉不能尘垢㉒，非有其世，孰能济焉。有其才不遇其时，身犹不能脱，又况无道乎？夫目察秋毫之末者，耳不闻雷霆之声，耳调金玉之音者，目不见太山之形，故小有所志，则大有所忘。今盆水若清之经日，乃能见眉睫，浊之不过一挠，即不能见方圆也。人之精神，难清而易浊，犹盆水也。」

守弱

老子曰：「天之道，抑高而举下，损有余补不足㉓。江海处地之不足，故天下归之奉之。圣人卑谦清静辞让者，见下也；虚心无有者，见不足也。见下故能致其高，见不足故能成其贤。矜者不立，奢者不长；强梁者死㉔，满溢者亡。飘风暴雨不终日㉕，小谷不能须臾盈。飘风暴雨，行强梁之气，故不能久而灭。小谷处强梁之地，故不得不夺。是以圣人执雌牡㉖，去奢骄㉗，不敢行强梁之气。执雌牡故能立其雄牡㉘，不敢奢骄故能长久。」

老子曰：「天道极即反，盈即损，日月是也。圣人日损而冲气，不敢自满，日进以牝，功德不衰，天道然也。人之情性，皆好高而恶下，好得而恶亡，好利而恶病，好尊而恶卑，好贵而恶贱，众人为之，故不能成，执之，故不能得。是以圣人法天，弗为而成，弗执而得。与人同情而异道，故能长久。故三皇五帝㉙有戒之器，命曰侑卮㉚，其冲即正，其盈即覆。夫物胜则衰，日中则移，月满则亏，乐终则悲。是故聪明广智守以愚，多闻博辩守以俭，武力勇毅守以畏，富贵广大守以狭，德施天下守以让，此五者，先王所以守天下也。服此道者，不欲盈。夫唯不盈，是以弊不新成㉛。」

【注释】

①尊势厚利：《淮南子》高诱注曰：「尊势，穷位。厚利，重禄。」②适情：适合满足温饱的自然性情。③委心不虑：抛开思虑。④太素：即道，喻指天地万物的本原。⑤和：平和。⑥滑和：滑，同「汩」，扰乱。和，中和。⑦纵身肆意：放纵自身，任意而为。⑧仪：仪度，准则，规范。⑨余天下而不有：放弃天下万物而不去占有。余，与下文「委」相对，意与「委」同，遗弃，抛弃。⑩体道：体会感悟道的本性，与之相应相合。体，体悟，体察。⑪鼻口之于芳臭：《太平御览》

《亢仓子》

【导读】

《亢仓子》，又名《亢桑子》《洞灵真经》。本书不见于《汉书·艺文志》。《新唐书·艺文志》子部神仙家中

引作「鼻口之于臭味」。清王念孙亦云：「下句本作「口鼻之于臭味」，谓口之于味，鼻之于臭也。」臭，气味。⑫流潦：流水。潦，雨后地面积水。⑬形：见。⑭反之于虚，则消躁藏息矣，此圣人之游也。《淮南子》高诱注云：「反之于虚，则情欲之性消躁藏息，故曰圣人之游。」⑮贪污：奸邪，不正。⑯越行：僭越之行，过甚之行。⑰通洞条达：通达顺畅，毫无阻碍。⑱澹然：清静，淡泊。⑲生生者不生：道生出天地万物，天地万物有生有灭，而道永恒常在，没有生和灭。⑳经过，经历。㉑矫滑：改变或扰乱（本有的性情）。㉒尘垢：使污浊，使卑下。㉓天之道，抑高而举下，损有余而补不足：《老子》第七十七章「天之道，其犹张弓与！高者抑之，下者举之，有余者损之，不足者补之。天之道，损有余而补不足。」㉔强梁者死：《老子》第四十二章「强梁者不得其死，吾将以为教父」。强梁，强横，强悍果决。㉕飘风暴雨不终日：《老子》第二十三章「飘风不终朝，骤雨不终日」。㉖雌牝：喻指柔弱谦下。雌，泛指雌性，与「雄」相对。牝，亦指雌性（鸟兽），与「牡」相对。㉗奢骄：奢，过分。骄，傲慢。此与前文「雌牝」相对，指高傲过分。㉘牡：雄性的鸟兽，亦泛指雄性。㉙三皇：传说中的三位远古帝王，即伏羲、燧人、神农。五帝：古代五帝，通常是指黄帝、颛顼、帝喾、唐尧、虞舜。㉚卮：即鼓器。㉛服此道者，不欲盈。夫唯不盈，是以弊不新成：《老子》第十五章「保此道者不欲盈，夫唯不盈，故能蔽而新成」。「蔽而新成」帛书本作「敝而不成」。

好比河内之水，不求盈满，空虚以待，所以能够长久不坏；先王顺从遵循此道，所以能在位长久。

倾斜易覆之器。这种器皿注满水就容易倾倒，故舍有鉴戒自满之意。卮，盛酒器。

诸子百家

著录有王士元(元或作源)《亢仓子》二卷,士元为唐代开元、天宝年间襄阳处士。唐王朝崇信道教,把《老子》《庄子》《列子》《亢桑子》列于官学,天宝元年(742年)诏封四子真经,称《亢桑子》为《洞灵真经》。因《亢桑子》已经散失很久,王士元于是以《庄子·庚桑楚》为本,取诸子文义相近者,联络贯通而成书。其书杂取《老子》《庄子》《列子》《文子》《商君书》《吕氏春秋》《说苑》《新序》等书内容,间有独见,基本思想则属道家。全书共分《全道》《用道》《政道》《君道》《臣道》《贤道》《训道》《农道》《兵道》九篇。本文节选《亢仓子》部分内容,供读者品读。

用道篇

天不可信,地不可信,人不可信,心不可信,惟道可信。贤主秀士,岂知哉①?昔者桀信天与其祖②,四海已不勤于道,天夺其国以授殷。纣亦信天与其祖,四海已不龚于道③,天夺其国以授周。今夫惰农信地实生百谷,不力于其道④,地窃其果稼而荒翳之⑤。齐后信人之性酬让⑥,不明于其道,举全境以付人,人实鸥义⑦而有其国。凡人不修其道,随其心而师之,营欲茂滋⑧,灾疾朋衅⑨,戕身损寿⑩,心斯害之矣。

故曰:惟道可信。

政道篇

凡为天下之务⑪,莫大求士。士之待求,莫善通政⑫。通政之善,莫若靖人。靖人之才,盖以文章考之⑬,百无四五;以言论考之,十或一二;以神器靖作态度考之⑭,十全八九。是皆贤王庆代明识裁择所能尔也⑮。夫下王危世⑯,以文章取士,则翦巧绮褴益至⑰,而正雅素实益藏矣⑱;以言论取士,则浮淡游饰益来⑲,而謇谔正直益晦矣⑳;以神气靖作态度取士,则外正内邪益尊,而清修明实益隐矣㉑。若然者,贤愈到,政愈僻㉒,令愈勤,人愈乱矣。夫天下至大器也,帝王至重位也,得士则靖,失士则乱。故人主劳于求贤,逸于任使㉓。呜呼,守国聚人者㉔,其胡可以不事试于士乎?

君道篇

尧舜有为人主之勤，无为人主之欲，故天下各得济其欲[25]，有为人主之位，无为人主之心，故天下各得肆其心[26]。士有天下人爱之而主不爱者，有主独爱之而天下人不爱者。用天下人爱者，则天下安；用主独爱者，则天下危。人主安可以自放其爱憎哉？由是重天下者，当制其情[27]。所谓天下者，谓其有万物也；所谓邦国者，谓其有人众也。夫国以人为本，人安则国安。故忧国之主，务求理人之材[28]。

贤道篇

贤良所以屡求而不至，难进而易退者[29]，非为爱身而不死王事，适恐尽忠而主莫之信耳。自知有才识之人，外恭谨而内无忧。其于众也，和正而不狎[30]，亲之而弥庄[31]，疏之则退去而不怨。穷厄则以命自宽[32]，荣达则以道自正[33]。人有视其仪，贤也；听其声，贤也；征神课识[34]，或负所望。夫贤人其见用也，入则讽誉[35]，出则龚默，职司勤辨[36]，居室俭闲[37]。其未见用也，藏身于众，藏识于目，藏言于口，饱食安步，独善其身，贞而不怨[38]。智者不疑事，识者不疑人。有识之士，行危而色不可疏[39]，言逊而理不可拔[40]。凡谓贤人，不自称贤，效在官政，功在事事[41]。

训道篇

於乎[42]！人有偏蔽[43]，终身莫自知己矣！贤者见之，宽恕而不言，小人暴爱而溢言[44]，亲戚怜嫉而贰言[45]，人有偏蔽，恶乎不自知哉？是故君子检身[46]，常若有过。衣其衣，食其食，知其过而不克有以正之者，君子耻之。将欲有言，识其必不能行者[47]，君子罕言。当责众人之恶者，视己善乎哉，当责众人之邪者，视己正乎哉，此之谓返明。

兵道篇

未有蚩尤之时[48]，人实揭材木以斗矣，黄帝用水火矣，共工称乱矣，五帝相与争矣。一兴一废，胜者用事。夫有

诸子百家

第二章 道家

以咽药而死者，非也；有以乘舟而死者，非也；有以用兵而丧其国者，欲禁天下之兵，非也。夫兵之不可废，譬水火焉，善用之则为福，不善用之则为祸。是故怒笞不可偃于家[49]，刑罚不可偃于国，征伐不可偃于天下。古之圣王，有义兵而无偃兵[50]。兵诚义，以诛暴君而振苦人，人之悦也，若孝子之见慈亲，饿隶之遇美食，号呼而走之，若强弩之射深谷也[51]。

【注释】

①岂……表推测，大概。②与……佑助，保佑。③龚……同『恭』。④不力于其道……不尽力耕耘。⑤窃其果稼……用来喻指不结果实，不长庄稼。⑥齐后……春秋时期齐国国君齐简公，在位四年，后为大臣田常所弑。田常拥立齐平公，自任齐相，独揽齐国政权。到周安王时，田氏夺得齐国政权，列为诸侯。酬让……酬报，谦让。⑦鸱义……鸱枭的行为。喻指恶行。传说鸱枭食母，古人认为它是恶鸟，所以常用鸱枭喻指奸邪恶人。⑧营……同『荧』，迷惑。⑨朋斗……纷至沓来。朋，成双成对。⑩戕……损害，伤害。⑪务……重要的事情。⑫通政……通达政教，使政令教化通行无碍。⑬盖……句首语气词，没有实在意义。⑭靖作……动静。态度。仪容，气度。⑮裁择……裁断，选择。尔……这样，如此。⑯下王……指平庸无能的君王。⑰蔑巧……巧为修饰。绮褴……绮靡浮华。褴，本指没有缘饰的衣服，此当作『滥』解。益……越发，更加。⑱正雅……品性正直端庄。素实……质朴诚实。明实……明智诚实。⑲浮㤉……浮华。游饰……虚浮不实，巧言以饰。⑳謇谔……正直，直言劝谏。㉑清修……纯正高洁。㉒僻……邪僻，不正。㉓任使……任命官员。㉔守国聚人者……指君主。古时君主认为自己是顺应上天的意志来统治天下百姓的。㉕济……实现，成就。㉖肆……极尽，满足。㉗制……克制，抑制。㉘理……治理，统御。㉙进……出仕为官。退……隐退不仕。㉚狎……亲近而态度不庄重。㉛弥……越发，更加。㉜穷……怀才不遇，政治上不得志。厄……境况困窘、窘迫。㉝荣……荣耀，显荣。达……显达，政治

《无能子》

【导读】

《无能子》，唐末隐士著，作者自称『无能子』，并以此为书名。该书约成于光启三年（887年），近万言。《唐书·艺文志》道家类著录三卷。今存三十四篇，编为上、中、下三卷：上卷十篇论理，从宇宙本体论及个人修炼；中卷十篇论史，从西周文王论及魏晋，下卷前十篇以问答形式记录见闻寓言，后四篇略微不同，近似杂著。

全书阐明道家自然之理，肯定自然无为与气一元论思想，认为气产生天地万物，指出天地没有意志，知觉和爱憎方面九黎族的首领。

批判了『灾异』说和『祥瑞』说等封建迷信思想，强调天地万物和人类同为『阴阳交气』而生，本无高低贵贱之分，人在社会上天然平等，抨击君权统治，宣传『无君』论。本文节选《无能子》部分内容，供读者品读。

明本第二一

夫所谓本者，无为之为心也，形骸依之以立也，其为常而不殆也。如火之可用以焚，不可夺其炎也。如水之可用以润，不可夺其湿也。取之不有，藏之不无。动之则察秋毫之形，审蚊蚋之音①，静之则不见丘山，不闻雷霆。大之可以包天壤，细之可以入眉睫。惚惚恍恍②，不来不往。希希夷夷③，不盈不亏。巢、由之隐④，园、绮之遁⑤，专其根而独善也。尧授舜，

---

③④⑤ 注释文字

上得志。㉞征：检验。神，思想。课：考核。㉟讽誉：讽谏赞誉。㊱职司：职务。辨：治理。㊲居室：居家，治理家务。俭闲：节俭闲静。㊳贞：坚贞，贞正，不改变操守。㊴行危：行为端正。色不可疏：脸色和蔼可亲。㊵逊：谦逊。不可拔：不可动摇。㊶事事：办事，行事。㊷於乎：同『呜呼』，表示叹息。㊸偏蔽：偏见不明。㊹暴爱：过分关爱。溢言：过分称誉。㊺贰言：提出不同的言语。㊻检身：检点，省察自身。㊼行：实行，被采纳。㊽蚩尤：传说中东㊾偃：停止，止息。㊿义兵：正义之战，正义之师。㉛弩：用机械发矢的弓。

第二章 道家

三三七

舜授禹，禹授启，汤放桀，武王伐纣，张其机而兼济也。明之者，可藏则藏，可行则行，应物立事，旷乎无见，味之者，嗜欲是驰，耳目是随，终日妄用，不识不知。孰能照以无滞之光，委以自然之和，则无名之元⑦，见乎无见之中矣。

真修第七

夫水之性，雍之则澄⑧，决之则流⑨，升之云则雨，沉之土则润⑩，为江海而不务其大，在坎穴而不耻其小，分百川而不疲，利万物而不辞，至柔者也。故老聃曰：柔弱胜刚强。则舍神体虚，专气致柔者⑪，得乎自然之元者也。

孔子说第四

孔子围于匡，七日弦歌不辍⑫。子路⑬曰：『由闻君子包周身之防，无一朝之患。夫子圣人也，而饥于陈，围于匡，何也？然而夫子弦歌不辍，罔有忧色⑭，岂有术乎？』孔子曰：『由来，语汝，夫是非邪正由乎人，厚薄悬乎分，通塞存乎时。日月之照，不能免薄蚀之患。圣贤之智，不能移厚薄通塞之数。君子能仁于人，不能使人仁于我。我能义于人，不能使人义于我。匡之围，非丘之罪也，丘亦不能使之不围焉。然而可围者，丘之形骸也。丘方惚无形于冲漠⑮，沦无情于杳冥⑯，不知所以忧，故偶谐于弦歌尔。』言未几，匡人解去。

原宪居陋巷⑰，子贡方相鲁、卫⑱，结驷联驷访宪焉。宪摄弊衣⑲，子贡曰：『夫子病耶？』宪曰：『宪闻德义不修谓之病，无财谓之贫。宪贫也，非病也。』子贡耻其言，终身不敢复见宪。仲尼闻之曰：『赐也言失之也。夫拘义于人，不能使人义于我。匡之围，非丘之罪也，丘亦不能使之不围焉。然而可围者，丘之形骸也。丘方惚无形于形者不虚，存于心者不淳，不淳则思其不清，不淳则形其心不贞。赐也近于骄欲，宪近于坚白⑳，比之清浊，将去几何！』

范蠡说第六

范蠡佐越王勾践，灭吴杀夫差，与大夫种谋曰：『吾闻阴谋人者，其祸必复。夫姑苏之灭㉑，夫差之死，由吾子阴谋也。可与共患，不可共乐；且功成、名遂、身退，天之理也。吾将退，子其借乎㉒？』大夫种曰：

"夫天地之于万物也，春生冬杀，万物岂于冬杀而反祸天地乎？吾闻圣人不贵乎独善，而贵乎除害成物。苟成于物，除害可也。是以黄帝杀蚩尤，舜去四凶㉓。我今除吴之乱，成越之霸，亦成物除害尔，何祸之复我哉？况王方以灭吴德子与我㉔，必相始终，子无遽于退也㉕！"范蠡曰："不然，夫天地无心，且不自宰，况宰物乎？天地自无心，万物自万物，春以和自生，冬以寒自杀，非天地使之然也。圣人虽有心，其用也体乎天地。天地虽无心，机动则应，事迫则顺，事过则逆，除害成物，无所憎爱。故害除而无祸，物成而无福。今王以怨吴之心，禄我与子以取其谋。我与子利其禄而谋吴，以灭人为功，以报禄我者。人之奸也，自谓天地之生杀，圣人之除害成物，不其欺耶？"大王种不悦，疑之不决。范蠡竟辞勾践，泛扁舟于五湖㉖，俄而越杀大夫种㉗。

固本第十一

有为，善不必福，恶不必祸，或制于分焉。故圣人贵乎无为。垤蚁井蛙㉘，示以虎豹之山、鲸鲵之海㉙，必疑，熟其所见也。嗜欲世务之人，语以无为之理，必惑，宿于所习也。于是父不能传其子，兄不能传其弟，沉迷嗜欲，以至于死，还其元而无所生者，举世无一人焉。嗟乎！无为在我也，嗜欲在我也。无为则静，嗜欲则作。静则乐，作则忧。常人惑而终不可使之达者，所习痼之也，明者背习焉。

【注释】

①蚋：蚊子。②惚惚恍恍：有中似无曰惚，无中似有曰恍。③希希夷夷：形容道无形无象而绝然存在。④巢、由之隐：巢，巢父，传说尧时隐者，隐居山林不问世事，年老巢居在树上，故时人号曰巢父。由，许由，与尧同时，隐于沛泽之中，尧要把天下让给许由，许由不肯接受而归隐。⑤园、绮之遁：园，东园公；绮，绮里季。二人与用里先生、夏黄公为四皓，秦时共人商洛，隐地肺山。汉定天下，高祖征之不至，深遁终南山。⑥放：流放，或作"伐"。⑦无名之元：天地万物的本

原无形无象，故称无名之元。⑧壅：堵塞。澄：止水而清。⑨决：除去壅塞，疏导水流使其畅通。⑩沉：沉没，浸润。润：滋润，滋养。⑪专气致柔：专，同『抟』。专气，使气结聚。致柔，以致气息柔和。⑫辍：停止，中止。⑬子路：孔子的学生，姓仲名由，又字季路，性情直爽勇敢。⑭罔：无，没有。⑮冲漠：冲虚恬静。⑯杳冥：幽暗深远的样子。⑰原宪：孔子弟子，字子思，家贫，居穷间，摄弊衣冠见子贡。⑱子贡：孔子弟子，姓端木，名赐，子贡为其字，善于言辞。⑲摄弊衣：穿破旧衣服。摄，结。弊，破败，破旧。⑳坚白：比喻志行坚定纯洁。㉑姑苏：原为吴国都城外的姑苏台，这里代指吴国。㉒偕：共同，一起。㉓舜去四凶：四凶，指共工、驩兜、三苗、鲧。《尚书·舜典》云：『流共工于幽州，放驩兜于崇山，窜三苗于三危，殛鲧于羽山。』㉔德：感恩于人。㉕遽：迅速，骤然。㉖五湖：即太湖，指太湖及其附近的四湖。一说太湖不在五湖之内。㉗俄而：不久，一会儿。㉘垤：蚂蚁洞口的小土堆。㉙鲸鲵：即鲸鱼，雄的叫鲸，雌的叫鲵。

《阴符经》

【导读】

《阴符经》一卷，全称《黄帝阴符经》，也称为《黄帝天机经》，共三百多字，旧题为黄帝撰。

有人认为《阴符经》本于黄帝，或以为出自战国，或以为李筌伪托，作者不详。根据李筌对本经典的解释著作《黄帝阴符经疏》，可以把它的内容概括为两个部分：首先讲述观察自然界及其发展变化的客观规律，认为天性运行为自然规律，人心则顺应自然规律，其次阐明了天、地、人生杀的变化情况，人的生杀之气与自然同步，才能把握好事物成功的机遇，阐明人后天禀性巧拙的生成和耳目口窍的正确运用，主要是效法自然五行相生原则，修炼自身。

观天之道，执天之行，尽矣！天有五贼①，见之者昌。五贼在心，施行于天，宇宙在乎手，万物生乎身。天性人也②，人心，机也③。立天之道，以定人也④。天发杀机，移星易宿⑤；地发杀机，龙蛇起陆⑥；人发杀机，天地反覆⑦；

天人合发，万变定基⑧。性有巧拙，可以伏藏⑨。九窍之邪⑩，在乎三要⑪，可以动静⑫。火生于木，祸发必克⑬；奸生于国，时动必溃⑭。知之修炼⑮，谓之圣人。

天地，万物之盗⑰；万物，人之盗⑱；人，万物之盗⑲。三盗既宜⑳，三才既安㉑。故曰：食其时，百骸理㉑，动其机，万化安㉒。人知其神之神，不知其神之所以神也㉓。日月有数㉔，大小有定㉕。圣功生焉㉖，神明出焉㉗。其盗机也㉘，天下莫能见，莫能知也。君子得之固穷，小人得之轻命㉙。

瞽者善听，聋者善观。绝利一源，用师十倍㉚。三反昼夜，用师万倍㉛。心生于物㉜，死于物㉝，机在目㉞。天之无恩而大恩生㉟，迅雷烈风，莫不蠢然㊱。至乐性余㊲，至静性廉。天之至私㊳，用之至公㊴，禽之制在炁㊵。生者死之根㊶，死者生之根㊷。恩生于害，害生于恩。愚人以天地文理圣㊸，我以时物文理哲㊹。人以愚虞圣㊺，我以不愚虞圣；人以奇期圣㊻，我以不奇期圣。故曰：沉水入火，自取灭亡。

自然之道静，故天地万物生。天地之道浸，故阴阳胜㊼。阴阳相推，而变化顺矣。是故圣人知自然之道不可为，因而制之㊽。至静之道，律历所不能契㊾。爰有奇器㊿，是生万象；八卦甲子，神机鬼藏[50]。阴阳相胜之术，昭昭乎进乎象矣[51]！

【注释】

①五贼：指五行，即金、木、水、火、土。朱子认为天下之善由此五者而生，而恶亦由这五者而生，所以从其反面来看，亦可为恶。可以称『五贼』。②天性，人也：意思是指天之道也，深远玄妙，以性赋人，故谓之人。③机：人心之向，既可为善，亦可为恶。④定人：定为人之道。⑤移星易宿：指天之杀机发，则本来有一定运转秩序的星宿就会发生紊乱，失去秩序，违反常位。⑥龙蛇起陆：指地之杀机发，则潜伏的龙蛇将沸腾出现，而不安居于其原来所在的窟中。⑦天地反覆：指人之杀机发，欲建功立业，必将扭转乾坤，而宇宙为之震荡。⑧天人合发，万变定基：指如果天、人合发，则天人

相应，万物变极思静，必然各还其初，而根基安定。⑨性有巧拙：指人之性有巧处，也有拙处，当藏匿不漏，应时而发。⑩九窍：双眼、双耳、鼻孔、口、肛门和生殖器。⑪三要：眼、耳、口。指九窍之中，此三窍为招邪之要口。⑫可以动静：指三者动，则人灵机之性外达，三者静，则精神内藏。或动或静，自可为之主。⑬火生于木，祸发必克：按五行，木生火，当火生发之时，则祸至而木为火所焚。⑭奸生于国，时动必溃：奸邪生于国中，当时机变化，奸邪之势得逞，逆谋得成，则国必然溃败。⑮知之修炼：指能知溃败的道理，能察于溃败之机，而以智慧防止，使其不达到丧败的境地。⑯天生天杀：指万物皆由天所生，而有生必有死，而万物的死又都是天所为，故称为天生天杀。⑰天地，万物，人之盗：指没有人的培育、维护，则万物不能茂盛，不能生长下去，然而万物供人之使用资取而不免于戕害，所以说人为万物之盗。其生存，滋养生命。然而人沉溺于物，则会嗜欲增长而丧生，所以说天地是万物之盗。万物之盗：指万物不能由天所生，而又能杀死万物，所以说天地是万物之盗。⑱万物，人之盗：人得到万物可以维持其生存，滋养生命。然而人沉溺于物，则会嗜欲增长而丧生，所以说万物为人之盗。⑲人，万物之盗：指没有人的培育、维护，则万物不能茂盛，不能生长下去，然而万物供人之使用资取而不免于戕害，所以说人为万物之盗。⑳三盗既宜，三才既安：指三盗没有过或不及之错误之患，从而各得其宜，则天、人、万物相生相克，各安其位，循环往复，则天、地、人三才才得安。㉑食其时，百骸理：指人的饮食若得其时，则人的精神和粹，百体舒泰。㉒动其机，万化安：指天、人、万物之变化得其时机，则宇宙万物之化育流行安定，无有失序。㉓「人知」两句：指天下之人只知道宇宙化育的神秘，而不知道为什么能如此神妙。㉔日月有数：指日月运行有其定数。㉕大小有定：指随着日月运行，月亮的大小也有定数。㉖圣功生焉：指圣人观日月运行之道，宇宙变化之机，则行事顺应天道而不违，则容易成就大业。㉗神明出焉：神妙明达的智慧产生。㉘其盗，机也：三盗的运用都在已发将发之间。机：未发与已发之间。㉙君子得之固穷：指君子知三才之道，修身待命，应机而动。不逞私欲而逆道，固守道而穷尽天人之性。小人得之轻命：指小人得知盗之机，恃才妄作以满足其私欲，而至丧生辱命。㉚绝利一源：绝利欲一源。用师十倍：十倍于原来的军队。比喻如果能绝利源，则心思集中，精明更胜。㉛三反昼夜，用师万倍：思之又思，反覆再三至于昼夜无间断，则转纯又增胜，万倍于从前。㉜心生于物：感官接触于物，而心感而生，无物，则心无以生。所以说心生于物。㉝死于物：心执着于物，物动剧盛，则心思老虑，终至于死亡，所以说心死于物。㉞机在目：指人大多目见于外物，尔后心思摇动，所以心生死之关键在于目。㉟天之无恩而大恩生：天之生物未尝有意加恩，听万物自生自长，而万物莫不感戴上天之德，此是天之大恩。㊱迅雷烈风，莫不蠢然：指迅雷烈风使万物生长发育，万物皆蠢然无知，出于自然。㊲余：宽裕。㊳天之至私：天道运行，为物不二，所以称为至私。㊴用之至公：指天道运行不二，而万物各得其化育，均禀之于天，而万物各得其所，所以说天之用至公。㊵禽：通『擒』，统御。炁：气，指天统御万物在于气，万物的生灭都在气的流行变化。㊶生者死之根：指万物生必有死，所以说生为死之根。㊷死者生之根：指万物死必有生，所以说死为生之根。㊸愚人以天地文理圣：天文有象，地理有形，著之于外，可见可知，而愚人以此为圣。我以时物文理哲：时，时机，指天地化育，万物变化，生死恩害变化之机。此句指人以能观知万物生死、恩害变化有时为哲明。㊹虞：猜度。㊺奇：奇异的行迹。㊻浸：浸润渐入。指天地之道自然无为，乃阴阳之互为其根，此消彼长。㊼制：裁制以顺天道。㊽至静之道，律历所不能契：自然之道至静，无形无相，律历仍然不离器数之行迹，所以不能契合于道。㊾爰有奇器，是生万象：意指道不可契合，然圣人为设契道之器物，万物之象皆由此而生。㊿八卦甲子，神机鬼藏：指奇器乃是八卦甲子。八卦立，而包罗天地五行；甲子定，而岁时日月不能违。虽然阴阳不测，灵妙如神，而都包括于八卦甲子之中。(51)昭：明。进乎象：包罗于八卦甲子之象中。

《新语》

【导读】

作者陆贾（约公元前240—前170），汉代初期思想家、政治家。《史记·郦生陆贾列传》中记载：『陆贾者，楚人。

以客从高祖定天下，名为有口辩士，居左右，常使诸侯。"刘邦即位后，他受命出使南越，说服尉佗接受汉朝赐予的南越王印，称臣奉汉约，被任为太中大夫。刘邦即位之初，重武力，轻诗书，贾乃建议重视儒学，"行仁义，法先圣"，提出"逆取顺守，文武并用"的统治方略，遂受命总结秦朝灭亡及历史上国家成败的经验教训，"凡著十二篇。每奏一篇，高祖未尝不称善，左右呼万岁，号其书曰《新语》"。《无为》是《新语》中的名篇，集中反映了陆贾的政治主张：以黄老之术治国。黄老之学是秦汉时假托黄帝之言阐发老子的学说，"无为"之治是它的主要内容。"无为"的境界是："君子之为治也，块然若无事，寂然若无声，官府若无吏，亭落若无民，闾里不讼于巷，老幼不愁于庭。于是，赏善罚恶而润色之，兴辟雍庠序而教诲之。"

无为

夫道莫大于无为，行莫大于谨敬①。何以言之？昔虞舜治天下也，弹五弦之琴，歌《南风》之诗，寂若无治国之意，漠若无忧天下之心②，然天下治。周公制作礼乐，郊天地③，望山川④，师旅⑤不设，刑格法悬⑥，而四海之内，奉供来臻，越裳之君，重译来朝⑦。故无为者乃有为也。

秦始皇帝设为车裂之诛⑧，以敛奸邪，筑长城于戎境，以备胡越⑨，征大吞小，威震天下，将帅横行，以服外国，蒙恬讨乱于外，李斯治法于内⑩。事逾烦，天下逾乱，法逾滋，而奸逾炽，兵马益设，而敌人逾多。秦非不欲治也，然失之者，乃举措暴众、而用刑太极故也⑪。

是以君子尚宽舒以苟身⑫，行中和以统远⑬，民畏其威而从其化，怀其德而归其境，美其治而不敢违其政。民不罚而畏罪，不赏而欢悦，渐渍于道德，被服于中和之所致也。

夫法令者，所以诛恶，非所以劝善。故曾、闵之孝⑭，夷、齐之廉⑮，岂畏死而为之者哉？教化之所致也。故尧、舜之民，可比屋而封，桀、纣之民，可比屋而诛者，教化使然也。故近河之地湿，而近山之土燥者，以类相及也。故山川出云雨，丘阜生气⑯，四渎⑰东流，百川无不从，小者从大，少者从多。

夫王者之都，南面之君⑱，乃百姓之所取法。举措动作，不可以失法度。昔者，周襄王不能事后母，出居于郑，而下多叛其亲。秦始皇骄奢靡丽，好作高台榭广宫室，则天下豪富制屋宅者，莫不仿之，设房闼⑲，备厩库，缮雕琢，刻画之好，博玄黄琦玮⑳之色，以乱制度。齐桓公㉑好妇人之色，妻姑姊妹，而国中多淫于骨肉。楚平王奢纵恣㉒，不能制下，检民以德，增驾百马而行，欲令天下人馁。财富利明不可及，于是楚国逾奢，君臣无别。故上之化下，犹风之靡草也㉓。王者尚武于朝，则农夫缮甲兵于田。故君之御下，民奢侈者则应之以俭，骄淫者则统之以理。未有上仁而下残，上义而下争者也。孔子曰：『移风易俗。』㉔岂家至之哉？先之于身而已矣。

【注释】

①谨敬：谨慎而恭敬。②忱天下之心：『天下』应为『民』，因避讳唐李世民名而改。③郊：古代帝王在国都近郊祭祀天地及其他神灵。④望：祭祀名称，遥祭山川、日月、星辰。⑤师旅：古代军队五百人为旅，二千五百人为师，常用军旅来统称军队，也指战争。⑥刑格法悬：搁置刑法不用。格，同『搁』，搁置。⑦越裳之君：典出《尚书大传》。《后汉书·南蛮传》中有具体记载：『交趾之南有越裳国。周公居摄六年，制礼作乐，天下太平。越裳以三象重译而献白雉，曰：「道路悠远，山川阻深，音使不通，故重译而朝。」』重译来朝，辗转来朝。⑧车裂：古代一种酷刑，用车马撕裂人的身体。吴起、商鞅均死于车裂。⑨胡越：秦朝时的小国家，胡在北，越在南。⑩蒙恬：秦始皇时大将，曾率三十万大军北击匈奴。李斯：秦始皇时丞相，他建议拆除郡县城墙，销毁民间的兵器，以加强对人民的统治；反对分封制，坚持郡县制；又主张焚烧民间收藏的《诗》《书》、百家语，禁止私学，以加强专制主义中央集权的统治。

还参与制定了法律，统一了车轨、文字、度量衡。可以参见《史记·李斯列传》。⑪极：过分，到极致。⑫苞：同"褒"。⑬中和：中正平和。《礼记·中庸》："喜怒哀乐之未发谓之中，发而皆中节谓之和。中也者，天下之大本也；和也者，天下之达道也。致中和，天地位焉，万物育焉。"⑭曾、闵之孝：曾指孔子的弟子曾参，后人尊称为曾子；闵指闵子骞，也是孔子弟子。二人均为孝子。《大戴礼》有《曾子本孝》《曾子立孝》《曾子大孝》，相传《孝经》也是曾子所作。闵子骞名列二十四孝之中，《论语》中孔子也赞叹："孝哉，闵子骞！人不间于其父母昆弟之言。"⑮夷、齐之廉：夷指伯夷，齐指叔齐，二人为兄弟，是商末孤竹君之子，因彼此推让继承人之位逃离本国。武王灭商后，二人耻于食用周粟，后来逃到首阳山，最后饿死了。⑯丘阜生气，山中生出气。丘，小土山。阜，土山。⑰四渎：长江、黄河、淮河、济水的总称。《尔雅·释水》："江淮河济为四渎。四渎者，发原注海者也。"⑱南面之君：古代天子、诸侯、卿大夫理政时皆南向坐，因此称帝王之位或其他尊位为南面。⑲房闼：代指官室房间。房，正室两旁的屋闼，夹室，寝室左右的小屋。⑳玄黄琦玮：玄黄指彩色的丝帛，琦玮指美玉。㉑齐桓公：齐国国君，春秋五霸之一。㉒楚平王：熊氏，又名居，楚康王之子。有以此所引此所引之事，《汉书·地理志》中以为是桓公之兄襄公之事。㉓风之靡草：风吹过，草随之倒下。《论语》有言："君子之德风，小人之德草，草上之风必偃。"㉔移风易俗……语出《孝经》，指改变风俗。为楚康王之事。纵恣：放纵恣意。

第三章 墨家

第三章 墨家

墨家概述

墨家是战国时期的重要学派之一。它的代表人物是墨子。主要作品有《墨子》。墨家是一个纪律非常严密的学术团体,他们的首领被称为"矩子",从事谈辩的,称为"墨辩";从事武侠的,称为"墨侠"。墨家以"兼相爱,交相利"作为理论基础,政治上主张尚贤、尚同和非攻;经济上主张强本节用;思想上信仰鬼神,但注重节葬。墨翟之后,墨家思想分为三派,到了战国后期,汇合成两支:一支注重认识论、逻辑学、数学、光学、力学等学科的研究,这就是"后期墨家";另一支则转化为秦汉社会的游侠。

《墨子》

【导读】

《墨子》,先秦时期墨家学派的著作总集,一般认为是由墨子的弟子及其后学在不同时期记述编纂而成。

墨子,名翟,鲁人,相传早年曾受孔子的儒家教育,后弃儒学而开创与儒学相对立的墨家学派。这是一个组织严密的学派性政治团体,其宗旨是推行墨子的主张。《墨子》的主要内容有兼爱、非攻、尚贤、尚同、节用、节葬、非乐、天志、明鬼、非命等,以兼爱为中心,以节用、尚贤为支点。在真理的原则上,主张经验论。伦理思想上,墨家的根本观念是"义","义"的观念来源于"天",在此基础上,建立了义利统一的道德观。《墨子》还确立了"三表法"作为立论说理的准则,在中国哲学史和逻辑史上占有重要地位。其体裁虽保留了对话的形式,但基本上已具论说文的雏形。

亲 士[1]

入国而不存其士[2]，则亡国矣。见贤而不急[3]，则缓其君矣[4]。非贤无急，非士无与虑国[5]。缓贤忘士，而能以其国存者，未曾有也。

昔者文公出走而正天下[6]，桓公去国而霸诸侯[7]，越王勾践遇吴王之丑，而尚摄中国之贤君[8]，三子之能达名成功于天下也[9]，皆于其国抑而大丑也[10]。太上无败[11]，其次败而有以成，此之谓用民[12]。

吾闻之曰：『非无安居也，我无安心也；非无足财也，我无足心也。』[13]是故君子自难而易彼[14]，众人自易而难彼。君子进不败其志，内究其情[15]，虽杂庸民，终无怨心，彼有自信者也。是故为其所难者，必得其所欲焉，未闻为其所欲，而免其所恶者也[16]。是故逼臣伤君[17]，谄下伤上[18]。君必有弗弗之臣[19]，上必有诤诤之下[20]，分议者延延[21]，而支苟者诤诤[22]，焉可以长生保国[23]。臣下重其爵位而不言，近臣则喑，远臣则吟[25]，怨结于民心[26]，谄谀在侧[27]，善议障塞[28]，则国危矣。桀纣不以其无天下之士邪[29]？杀其身而丧天下。故曰：归国宝不若献贤而进士[30]。

今有五锥[31]，此其铦[32]，铦者必先挫[33]；有五刀，此其错[34]，错者必先靡[35]。是以甘井近竭[36]，招木近伐[37]，灵龟近灼[38]，神蛇近暴[39]。是故比干之殪[40]，其抗也[41]；孟贲之杀[42]，其勇也；西施之沈[43]，其美也；吴起之裂[44]，其事也[44]。故彼人者，寡不死其所长[45]，故曰：太盛难守也。

故虽有贤君，不爱无功之臣；虽有慈父，不爱无益之子。是故不胜其任而处其位，非此位之人也；不胜其爵而处其禄[46]，非此禄之主也[47]。良弓难张，然可以及高入深[48]；良马难乘，然可以任重致远[49]；良才难令[50]，然可以致君见尊[51]。是故江河不恶小谷之满己也，故能大。圣人者，事无辞也[52]，物无违也[53]，故能为天下器[54]。是故江河之水，非一源之水也[55]；千镒之裘[56]，非一狐之白也[57]。夫恶有同方取不取同而已者乎[58]？盖非兼王之道也[59]。是故天地不昭昭，

诸子百家

第三章 墨家

大水不潦潦㉛，大火不燎燎㉜，王德不尧尧者㉝，乃千人之长也㉞。其直如矢㉟，其平如砥㊱，不足以覆万物。是故溪陕者速涸㊲，逝浅者速竭㊳，烧埴者其地不育㊴，王者淳泽㊵，不出宫中，则不能流国矣。

【注释】

①亲：亲近、爱护。士：指有贤德的人才。②入国：入朝为官，从政。这里指执掌国政。存：体恤、爱抚。③急：迫切。④缓：急慢。⑤虑：谋划、商议。⑥文公：即晋文公。姬姓，名重耳。春秋时晋国君。正：长，『为……之长』，指晋文公成为诸侯盟主。⑦桓公：即齐桓公。姜姓，名小白，齐襄公之弟。春秋时齐国国君。去：离开。⑧勾践：春秋末越国国君。摄：通慑，畏服。中国：指中原地区的诸侯国。⑨达：传扬。⑩抑：屈抑，忍受。⑪太上：最上一等。⑫用民：任用贤才。⑬『非无』四句：指人心不知安足，这是就君子亲士心切而言的。⑭自难而易彼：难指对自己严，对别人宽。⑮进：得志。内：不得志。⑯免：避免。恶：不喜欢，厌恶。⑰逼臣：权臣。⑱谄下：指难事。⑲弗：不。违。弗弗之臣：敢于犯颜直谏的臣子。⑳诤：直言争辩不绝的样子。㉑诤：分议、公议。㉒支苟：诚敕。㉓焉：乃、才。㉔长生：长存。㉕喑：不能言。㉖怨：怨恨。㉗谄谀：谄媚的臣子。上：君王。㉘善议：正确的议论。㉙桀纣：夏桀、商纣，两人都是我国历史上有名的暴君。以因：通馈，赠送。㉚归：通馈，赠送。㉛锥：锥子。㉜铦：锋利。㉝挫：折断。㉞错：磨。㉟靡：销磨。㊱近：下文中三『近』字同，当作『先』字。㊲招：当作『乔』字，指高的树木。㊳灼：烧。古人用火烧龟甲，观其裂纹以卜吉凶。㊴神蛇：一种传说会兴风作雨的蛇。暴：晒。古人曝晒神蛇以求雨。㊵比干：商纣王的叔父，因多次直言进谏而被商纣王挖心。殪死。㊶抗：刚直。㊷孟贲：战国时卫国勇士，力能拔牛角，曾投奔秦武王，后为武王所杀。㊸西施：春秋时越国美女。㊹吴起：卫国人，善用兵，沈（沉）……西施之死传说不一，有言在吴亡后被沉没江中而死，有言随范蠡泛隐五湖。

初为鲁将,继任魏将,屡立战功。后奔楚,辅佐楚悼王实行变法。楚悼王死后,他被旧贵族杀害。事…事业。㊺彼人…上述诸人。寡…少。㊻处其禄…享有那样的俸禄。㊼主…占有者,主人。㊽及高入深…指箭射到高处和射进深处。㊾任重致远…既能负重又能到达很远的地方。㊿良才难令…杰出的人才难以指挥。51见尊…被尊重。52辞…推辞。53物无违…不违背事物的客观规律。54器…指人才。55千镒之裘,指贵重的裘衣。56镒…古代重量单位,二十两或二十四两黄金为一镒。裘…皮衣。57一狐之白…狐腋下有一撮纯白色皮毛,轻而暖。58此句疑传抄误倒,当作『夫恶有同方不取,而取同己者乎?』同方…谓同道。同己…谓与己意同。59兼王之道…统一天下的办法。60昭昭…明亮的样子。61潦潦…水势大的样子。62燎燎…火旺的样子。63尧尧…高耸的样子。64千人之长也…也,疑为者。65矢…箭。66砥…磨刀石。67陕…同狭。指狭小的溪流。68逝浅者…当作流浅者。69垙埆…土地坚硬而贫瘠。70淳泽…淳厚的恩泽。

尚贤① 上

子墨子言曰:『今者王公大人为政于国家者②,皆欲国家之富,人民之众,刑政之治③,然而不得富而得贫,不得众而得寡,不得治而得乱,则是本失其所欲,得其所恶,是其故何也?』

子墨子言曰:『是在王公大人为政于国家者,不能以尚贤事能为政也④。是故国有贤良之士众,则国家之治厚⑤,贤良之士寡,则国家之治薄⑥。故大人之务,将在于众贤而已⑦。』

曰:『然则众贤之术将奈何哉⑧?』

子墨子言曰:『譬若欲众其国之善射御之士者,必将富之⑨,贵之,敬之,誉之,然后国之善射御之士,将可得而众也。况又有贤良之士厚乎德行，辩乎言谈，博乎道术者乎[11]，此固国家之珍，而社稷之佐也[12]，亦必且富之，贵之，敬之，誉之，然后国之良士，亦将可得而众也。

是故古者圣王之为政也，言曰："不义不富[13]，不义不贵，不义不亲，不义不近。"是以国之富贵人闻之，皆退而谋曰："始我所恃者富贵也，今上举义不辟贫贱[14]，然则我不可不为义。"亲者闻之，亦退而谋曰："始我所恃者亲也，今上举义不辟疏[15]，然则我不可不为义。"近者闻之，亦退而谋曰："始我所恃者近也，今上举义不辟远[16]，然则我不可不为义。"远者闻之，亦退而谋曰："我始以远为无恃，今上举义不辟远，然则我不可不为义。"逮至远鄙郊外之臣[17]，门庭庶子[18]，国中之众[19]、四鄙之萌人闻之[20]，皆竞为义。是其故何也？曰：上之所以使下者，一物也[21]，一术也[22]。譬之富者有高墙深宫，墙立既，谨上为凿一门[23]，有盗人入，阖其自入而求之[24]，盗其无自出。是其故何也？则上得要也[25]。

故古者圣王之为政，列德而尚贤[26]，虽在农与工肆之人[27]，有能则举之，高予之爵，重予之禄，任之以事，断予之令[28]，曰："爵位不高则民弗敬，蓄禄不厚则民不信，政令不断则民不畏"。举三者授之贤者，非为贤赐也[29]，欲其事之成[30]。故当是时，以德就列[31]，以官服事[32]，以劳殿赏[33]，量功而分禄。故官无常贵，而民无终贱，有能则举之，无能则下之，举公义[34]，辟私怨[35]，此若言之谓也。故古者尧举舜于服泽之阳[36]，授之政，天下平；禹举益于阴方之中[37]，授之政，九州成[38]；汤举伊尹于庖厨之中，授之政，其谋得[39]，文王举闳夭泰颠于罝罔之中[40]，授之政，西土服[41]。故当是时，虽在于厚禄尊位之臣，莫不敬惧而施[42]，虽在农与工肆之人，莫不竞劝而尚意[43]。故士者所以为辅相承嗣也[44]。故得士则谋不困，体不劳，名立而功成，美章而恶不生[45]，则由得士也。"

是故子墨子言曰："得意贤士不可不举[46]，不得意贤士不可不举，尚欲祖述尧舜禹汤之道[47]，将不可以不尚贤。夫尚贤者，政之本也。"

【注释】

① 尚贤：尊尚贤才。② 王公大人：指国君及其最高级官员。③ 刑政：刑事、政务。④ 事能：任用能者。⑤ 厚：兴盛、雄厚。⑥ 薄：衰微、薄弱。⑦ 将：当、众、聚集。⑧ 众贤之术：使贤士众多的办法。⑨ 富之：使他们富。⑩ 辩乎言谈：善辞令，能说服人。⑪ 博：通晓。道术：道理。⑫ 佐：辅佐。⑬ 不义：指不义的人。⑭ 退：转身回来。谋：考虑。⑮ 举义：选拔义士。辟：通避。⑯ 为义：行义。⑰ 逮至：直到。⑱ 门庭庶子：官中侍卫。⑲ 国中：此指城郭中。⑳ 四鄙：四方边远之地。萌：即氓，百姓。㉑ 物：事，指『尚贤』一事。㉒ 术：途径。此指『为义』这一途径。㉓ 既：完、谨、通仅。㉔ 闾：关闭。㉕ 要：关键、要领。㉖ 列德：任德，即给有德的人安排职位。㉗ 工肆：百工之人与商人。㉘ 断：决断，这里指给予决断的权限。㉙ 非为贤赐：不是因为贤能而赏赐。㉚ 事：指治国之事。㉛ 就列：就位，指就任一定的职位。㉜ 服事：给予任事的权限。㉝ 殿：定。㉞ 公义：大家认为有『义』的人。㉟ 辟：避开、消除。㊱ 服泽：地名，未详其处。阳：北面。㊲ 阴方。㊳ 九州成：指天下统一。㊴ 谋：指汤灭夏的计谋。㊵ 闳夭、泰颠：周文王的两位大臣。罝：捕兽的网。㊶ 西土：指陕西岐山一带。服：服从。㊷ 施：行。这里指因『敬惧』而兢兢业业地工作。㊸ 竞劝：争相劝勉。尚意：崇尚道德。㊹ 辅相：辅佐君主的大臣。承嗣：继承人。㊺ 美章：章，通彰。美好的得到表彰。㊻ 得意：得志，即治理天下顺当。㊼ 尚：未详其处。

尚贤中

子墨子言曰：『今王公大人之君人民①，主社稷②，治国家，欲修保而勿失③，故不察尚贤为政之本也④。何以知尚贤之为政本也？曰自贵且智者⑤，为政乎愚且贱者⑥，则治，自愚贱者，为政乎贵且智者，则乱。是以知尚贤之为政本也。故古者圣王甚尊尚贤而任使能⑦，不党父兄⑧，不偏贵富⑨，不嬖颜色⑩，贤者举而上之，富而贵之，以为官长；

倘若：祖述、继承、遵循。

诸子百家

第三章 墨家

不肖者抑而废之，贫而贱之以为徒役⑪，是以民皆劝其赏，畏其罚⑫，相率而为贤，者以贤者众，而不肖者寡，此谓进贤⑭。然后圣人听其言，迹其行⑮，察其所能，而慎予官，此谓事能⑯。故可使治国者，使治国；可使长官者，使长官⑰；可使治邑者，使治邑。凡所使治国家，官府、邑里，此皆国之贤者也。

贤者之治国也，蚤朝晏退⑱，听狱治政⑲，是以国家治而刑法正。贤者之治官府也，蚤出莫入㉑，耕稼、树艺㉒，聚菽粟，是以菽粟多而民足乎食。故国家治则刑法正，官府实则万民富。上有以絜为酒醴粢盛㉓，以祭祀天鬼；外有以为皮币㉔，与四邻诸侯交接；内有以食饥息劳㉕，将养其万民㉖。是故上者天鬼富之，外者诸侯与之㉗，内者万民亲之，贤人归之，以此谋事则得，举事则成，入守则固，出诛则强。故唯昔三代圣王尧、舜、禹、汤、文、武，之所以王天下正诸侯者，此亦其法已㉘。

既曰若法㉙，未知所以行之术㉚，则事犹若未成，是以必为置三本㉛。何谓三本？曰爵位不高则民不敬也。蓄禄不厚则民不信也，政令不断则民不畏也。故古圣王高予之爵，重予之禄，任之以事，断予之令，夫岂为其臣赐哉，欲其事之成也。《诗》曰："告女忧恤，诲女予爵，孰能执热，鲜不用濯㉜？"则此语古者国君诸侯之不可以不执善承嗣辅佐也㉞。譬之犹执热之有濯也，将休其手焉㉟。古者圣王唯毋得贤人而使之，般爵以贵之㊱，裂地以封之㊲，终身不厌㊳。贤人唯毋得明君而事之，竭四肢之力以任君之事，终身不倦。若有美善则归之上，是以美善在上而所怨谤在下，宁乐在君，忧戚在臣。故古者圣王之为政若此。

今王公大人亦欲效人以尚贤使能为政，高予之爵，而禄不从也。夫高爵而无禄，民不信也。曰"此非中实爱我也㊴，假藉而用我也㊵。"夫假藉之民，将岂能亲其上哉！故先王言曰："贪于政者不能分人以事㊶，厚于货者不能分人以禄[42]。事则不与，禄则不分，请问天下之贤人将何自至乎王公大人之侧哉？若苟贤者不至乎王公大人之侧，则此不肖者在左右也。不肖者在左右，则其所誉不当贤，而所罚不当暴，王公大人尊此以为政乎国家[44]，则赏亦必不当贤，而罚亦必不当暴。若苟赏不当贤而罚不当暴，则是为贤者不劝而为暴者不沮矣[45]。是以入则不慈孝父母[46]，出则不长弟乡里[47]，居处无节[48]，出入无度[49]，男女无别[50]。使治官府则盗窃[51]，守城则倍畔[52]，君有难则不死，出亡则不从[53]，使断狱则不中，分财则不均，与谋事不得，举事不成，入守不固，出诛不强。故虽昔者三代暴王桀纣幽厉之所以失措其国家[55]，倾覆其社稷者，已此故也[56]。何则？皆以明小物而不明大物也[57]。

今王公大人，有一衣裳不能制也，必藉良工；有一牛羊不能杀也，必藉良宰。故当若之二物者[58]，王公大人未知以尚贤使能为政也[59]。逮至其国家之乱，社稷之危，则不知使能以治之，亲戚则使之，无故富贵、面目佼好则使之[60]。夫无故富贵、面目佼好使之，岂必智且有慧哉！若使之治国家，则此使不智慧者治国家也，国家之乱既可得而知已。

且夫王公大人有所爱其色而使[61]，其心不察其知而与其爱[62]。是故不能治百人者，使处乎千人之官，不能治千人者，使处乎万人之官。此其故何也？曰处若官者爵高而禄厚，故爱其色而使之焉。夫不能治千人者，而予官什倍，则治千人之官，使处乎万人之官，则此官什倍也[63]。夫治之法将日至者也[64]，日以治之，日不什修[65]，知以治之，知不什益，而予官什倍，则此治一而弃其九矣。虽曰夜相接以治若官，官犹若不治，此其故何也？则王公大人不明乎以尚贤使能为政也。故以尚贤使能为政而治者，夫若言之谓也[66]，以下贤为政而乱者[67]，若吾言之谓也[68]。

今王公大人中实将欲治其国家，欲修保而勿失，胡不察尚贤为政之本也？且以尚贤为政之本者，亦岂独子墨子之言哉！此圣王之道，先王之书距年之言也[69]。传曰[70]：「求圣君哲人，以裨辅而身[71]」。《汤誓》曰[72]：「聿求元圣[73]，与之戮力同心，以治天下。」则此言圣之不失以尚贤使能为政也。故古者圣王唯能审以尚贤使能为政，无异

第三章 墨家

物杂焉[74]，天下皆得其利。古者舜耕历山，陶河濒[75]，渔雷泽[76]，尧得之服泽之阳，举以为天子，与接天下之政，治天下之民，伊挚[77]，有莘氏女之私臣[78]，亲为庖人[79]，汤得之，举以为己相，与接天下之政，治天下之民。此何故始贱卒而贵，始贫卒而富？则索[80]，庸筑乎傅岩[81]，武丁得之，举以为三公[82]，与接天下之政，治天下之民。王公大人明乎以尚贤使能为政。是以民无饥而不得食，寒而不得衣，劳而不得息，乱而不得治者。故古圣王以审以尚贤使能为政[83]，而取法于天。虽天亦不辩贫富、贵贱、远迩、亲疏、贤者举而尚之，不肖者抑而废之。然则富贵为贤[85]，以得其赏者谁也？曰若昔者三代圣王尧、舜、禹、汤、文、武者是也。所以得其赏何也？曰其为政乎天下也，兼而爱之，从而利之，又率天下之万民以尚尊天[86]、事鬼、爱利万民，是故天鬼赏之，立为天子，以为民父母，万民从而誉之曰「圣王」，至今不已。则此富贵为贤，以得其赏者谁也？曰若昔者三代暴王桀、纣、幽、厉者是也。何以知其然也？曰其为政乎天下也，兼而憎之，从而贼之[87]，又率天下之民以诟天侮鬼[88]，贼傲万民[89]，是故天鬼罚之，使身死而为刑戮，子孙离散，室家丧灭，绝无后嗣，万民从而非之曰「暴王」，至今不已。则此富贵为暴，以得其罚者谁也？先王之书《吕刑》道之[96]曰：「皇帝清问下民[97]，有辞有苗[98]。曰群后之肆在下[99]，明明不常[100]，鳏寡不盖[101]，德威维威[102]，德明维明[103]。」乃名三后[104]，恤功于民[105]，伯夷降典[106]，哲民维刑[107]。禹平水土，主名山川[108]。稷降播种[109]，农殖嘉谷[110]。三后成功，维假于民[111]。」则此言三圣人者，谨其言，慎其行，精其思虑，索天下之隐事遗利，以上事天，则天乡其德[112]，下施之万民，万民被其利[113]，终身无已。故先王之言曰：「此道也[114]，大用之天下则不窕[115]，小用之则不困，修用之则万民被其利，终身无已。」《周颂》道之曰[116]：

"圣人之德,若天之高,若地之普⑰,其有昭于天下也。若地之固,若山之承⑱,不坼不崩⑲,若日之光,若月之明,与天地同常⑳。"则此言圣人之德,章明博大,埴固㉑,以修久也。故圣人之德盖总乎天地者也㉒。

今王公大人欲王天下,正诸侯,夫无德义将何以哉?其说将必挟震威强㉓。今王公大人将焉取挟震威强哉㉔?倾者民之死也㉕。民生为甚欲,死为甚憎,所欲不得而所憎屡至,自古及今未有能有以此王天下、正诸侯者也。大人欲王天下,正诸侯,将欲使意得乎天下,名成乎后世,故不察尚贤为政之本也㉖。此圣人之厚行也。"

【注释】

①君:统治。②主:主宰。③修:长久。④故:怎么。⑤自:由。⑥乎:于。⑦尊尚:尊重崇尚。⑧党:即包庇。⑨偏:偏私、袒护。⑩嬖:宠爱。⑪徒役:被人役使的下人。⑫畏其罚:害怕得到惩罚。⑬此句应为"是以贤者众,而不肖者寡"。⑭进贤:当作"尚贤"。⑮迹:考察。⑯事能:事同使。⑰长:主持、掌管。⑱蚤:通早。⑲晏:晚。⑳听狱:审理、判决案件。㉑莫:通暮。㉒树艺:种植。㉓絜为酒醴粢盛:见《法仪》第三段注。㉔皮币:皮毛和布帛,古时用作贵重礼品。㉕食饥息劳:使饥者食,使疲劳者休息。㉖将养:保养。㉗与:亲善、友好。㉘此:指尚贤。㉙既曰若法:当作"既曰有法"。㉚行之术:实行的方法。㉛三本:三项根本的措施。㉜"告女忧恤"四句:《诗经·桑柔》句云:"告尔忧恤,诲尔序爵,谁能执热,逝不以濯。"墨子引文与今《诗经》稍异,其意同。㉝执善:亲善。㉞承嗣辅佐:指王位继承人和辅佐大臣们。㉟将:应。㊱般:同颁,赏赐。㊲裂:割。㊳厌:丢弃。㊴中实:诚心诚意。㊵藉:同借。㊶贪于政者:权力独揽的人。㊷厚于货者:看重钱财的人。㊸当:符合。㊹尊:通遵。㊺沮:同阻,阻止。㊻慈:即爱利孝顺。㊼长弟:即长悌,敬重的意思。乡里:同乡的父老兄弟。㊽无节:无度。即无法度、无规矩、无节制。㊾无

㊾度……没有法度。㊿无别……没有界限区别。㉛盗窃……指贪赃枉法。㉜倍畔……通背叛。㉝出亡……被迫在外逃亡。㉞中……符合。㉟失措……丧失。㊱已……通以。㊲小物……小事,指下文生活琐事。大物……大事,指尚贤使能治理国家。㊳未知……当作『未尝不知』。㊴面目姣好……样子长得漂亮。㊵且夫……递进连词。使……下当有『之』字。借助良工作衣裳和依靠屠夫宰牛羊这两件事。㊶心……当作必。知……通智。㊷官什倍……官位超过他的才能十倍了。㊸下贤……不崇高贤人。㊹若吾言……指我现在所说的。㊺日不什修……一天的时间,不能长十倍。㊻夫若言……当作若夫言。㊼治之法……治国之法。㊽距年……应作巨年,指老年人。⑩传……指古书。⑪裨辅……辅佐。而……通尔。⑫《汤誓》……《尚书》篇目。但这里引的句子,今《汤誓》中无。聿……句首语助词。元圣……大圣人。⑭异物……别的事。杂……搀杂。⑮陶……制作陶器。河濒……黄河之滨。⑯渔……捕鱼。雷泽……地名。⑰伊挚……即伊尹。⑱有莘……古国名。汤娶有莘之女为妻。私臣……陪嫁的家奴。⑲亲为……亲自作。⑳被……同披。褐……粗布衣。带索……以绳为衣带。㉑庸……通佣。傅岩……地名。㉒三公……天子之相。㉓此句应为『能审以尚贤使能为政』。㉔虽……同唯。辩……通辨。㉕富贵为贤……指居富贵而行仁政的人。㉖尚……为衍文。㉗贼……残害。㉘诟……辱骂。㉙贼敖……当作贼杀。㉚帝之元子……此指舜帝的嫡系长辈。㉛德庸……功德。㉜伯鲧……传说为我国中古时代部落首领,夏禹的父亲,奉尧命治水,失败被杀。㉝热照无有及……日月照不到的地方。㉞帝亦不爱……指舜帝也不爱。㉟稷……后稷,尧时农官,善耕种。㊱吕刑……《尚书》篇名,周穆王时关于刑法的文告。㊲皇帝……指帝尧。清问……清通询,询问。㊳有辞……遣责的言辞。有苗……古代族名。㊴群后……诸侯。㊵鳏寡不盖……鳏夫、寡妇有贤德的也不被掩盖。㊶三后……指伯夷、禹、稷。㊷恤功……恤,忧虑。功,做事。㊸德威维威……以德为威才是真正的威严。㊹德明维明……以德为明才是真正的明察。㊺明明……有明德的人。不常……不按常规任用。㊻鳏寡无盖……鳏夫、寡妇有贤德的也不被掩盖。㊼伯夷……舜的臣子。降典……制定法典。㊽哲民……即制服百姓。刑……法则。㊾主名山川……主管定山川的名称。㊿隆……通降,

传授的意思。⑩农殖：即勉种，努力耕种。嘉谷：好的粮食。⑪假：大，远。⑫乡：通享。⑬被其利：得到圣人的好处。⑭道：指"尚贤使能"之道。⑮窕：缺损。⑯周颂：诗篇名。⑰普：广大。⑱承：承接，连绵不断。⑲坼：裂。⑳圣人之德……与天地同常：当作"圣人之德昭于天下，若天之高，若地之普，若山之承，不坼不崩，若日之明，若月之明，与天地同常。"㉑埴固：坚韧牢固。㉒总乎天地：总合了天地的美德。㉓挟震威强：挟持自己的威势和强力。㉔将焉取挟震威强：将从"挟震威强"中得到什么呢？㉕者：当作诸，之于。㉖故：通胡，为什么。

尚同上

子墨子言曰："古者民始生，未有刑政之时①，盖其语'人异义'。是以一人则一义，二人则二义，十人则十义，其人兹众②，其所谓义者亦兹众。是以人是其义，以非人之义，故交相非也。是以内者父子兄弟作怨恶③，离散不能相和合。天下之百姓，皆以水火毒药相亏害④，至有余力不能以相劳，腐朽余财不以相教，天下之乱，若禽兽然。隐匿良道不以相分⑤，天下之乱，若禽兽然。

夫明虖天下之所以乱者⑥，生于无政长。是故选天下之贤可者⑦，立以为天子。天子立，以其力为未足，又选择天下之贤可者⑧，置立之以为三公。天子三公既以立，以天下为博大，远国异土之民，是非利害之辩⑨，不可一二而明知⑩，故画分万国⑪，立诸侯国君，诸侯国君既已立，又以其力为未足，又选择其国之贤可者，置立之以为正长⑫。正长既已具，天子发政于天下之百姓⑬，言曰：'闻善而不善⑭，皆以告其上。上之所是，必皆是之，上之所非，必皆非之。上有过则规谏之，下有善则傍荐之⑮。上同而不下比者⑯，此上之所赏，而下之所誉也。意若闻善而不善⑰，不以告其上，上之所是，弗能是，上之所非，弗能非，上有过弗规谏，下有善弗傍荐，下比不能上同者，此上之所罚，而百姓所毁也⑱。'上以此为赏罚，甚明察以审信。

是故里长者，里之仁人也。里长发政里之百姓，言曰：'闻善而不善，必以告其乡长。乡长之所是，必皆是之，乡长之所非，必皆非之。去若不善言，学乡长之善言；去若不善行，学乡长之善行，则乡何说以乱哉？'察乡

诸子百家

第三章 墨家

之所治者何也？乡长唯能壹同乡之义，是以乡治也。乡长者，乡之仁人也。乡长发政乡之百姓，言曰："闻善而不善者，必以告国君。国君之所是，必皆是之；国君之所非，必皆非之。去若不善言，学国君之善言；去若不善行，学国君之善行。"国君者，国之仁人也。国君发政国之百姓，言曰："闻善而不善，必以告天子。天子之所是，皆是之；天子之所非，皆非之。去若不善言，学天子之善言；去若不善行，学天子之善行。"则国何说以乱哉。察国之所以治者何也？国君唯能壹同国之义，是以国治也。

天下之百姓皆上同于天子，而不上同于天，则菑犹未去也⑲。今若天飘风苦雨⑳，溱溱而至者㉑，此天之所以罚百姓之不上同于天者也。"

是故子墨子言曰："古者圣王为五刑㉒，请以治其民㉓，譬若丝缕之有纪㉔，罔罟之有纲㉕，所连收天下之百姓不尚同其上者也㉖。"

【注释】

①刑政：指行政治理。②兹众：兹，与滋古通用。滋众，即越多。③内者：一家之内。作怨恶：相互怨恨，相互厌恶。④亏害：损害，残害。⑤腐朽：腐烂，腐臭。⑥庨：通平。⑦生于无政长：产生于没有行政长官。⑧贤可者：贤能而可以当政的人。⑨辩：通辨。⑩一二而明知：当为"一二而明之"。⑪画：通划。⑫正长：即政长。行政长官。⑬发政：发布政令。⑭而：同与。⑮傍：通旁。⑯比：与坏人勾结。⑰意若：假若。⑱百姓所毁："所毁"前应有"之"字。⑲菑：同灾。⑳飘风：暴风。㉑溱溱：不断。㉒五刑：古代五种刑罚。㉓请：确实。㉔纪：丝头总束。㉕罟：网的总称。㉖所连收天下之百姓不尚同其上者也：应为"所以连收天下之百姓不尚同其上者也"。连收：控制。

三六〇

尚同中

子墨子曰：「方今之时，复古之民始生①，未有正长之时，盖其语曰『天下之人异义』。是以一人一义，十人十义，百人百义，其人数兹众，其所谓义者亦兹众。是以人是其义，而非人之义，故相交非也②。内之父子兄弟作怨仇，皆有离散之心，不能相和合。至乎余力不以相劳③，隐匿良道不以相教，腐朽余财不以相分，天下之乱也，至如禽兽然，无君臣上下长幼之节④，父子兄弟之礼，是以天下乱焉。

明乎民之无正长以一同天下之义，而天下乱也。是故选择天下贤良圣知辩慧之人，立以为天子，使从事乎一同天下之义。天子既以立矣，以为唯其耳目之请⑤，不能独一同天下之义，是故选择天下赞阅贤良圣知辩慧之人⑥，置以为三公，与从事乎一同天下之义。天子三公既已立矣，以为天下博大，山林远土之民，不可得而一也，是故靡分天下⑦，设以为万诸侯国君，使从事乎一同其国之义。国君既已立矣，又以为唯其耳目之请，不能一同其国之义，是故择其国之贤者，置以为左右将军大夫⑧，以远至乎乡里之长⑨，与从事乎一同其国之义。天子诸侯之君，民之正长，既已定矣，天子为发政施教曰：『凡闻见善者，必以告其上，闻见不善者，亦必以告其上。上之所是，必亦是之，上之所非，必亦非之，已有善傍荐之，上有过规谏之。尚同义其上⑩，而毋有下比之心，上得则赏之，万民闻则誉之。意若闻见善，不以告其上，闻见不善，亦不以告其上，上之所是不能是，上之所非不能非，已有善不能傍荐之，上有过不能规谏之，下比而非其上者，上得则诛罚之，万民闻则非毁之』。故古者圣王之为刑政赏誉也，甚明察以审信。是以举天下之人，皆欲得上之赏誉，而畏上之毁罚⑪。是故里长顺天子政，而一同其里之义。里长既同其里之义，率其里之万民，以尚同乎乡长，曰『凡里之万民，皆尚同乎乡长，而不敢下比。乡长之所是，必亦是之，乡长之所非，必亦非之。去而不善言，学乡长之善言；去而不善行，学乡长之善行。乡长固乡之贤者也，举乡人以法乡长，夫乡何说而不治哉？"察乡长之所以治乡者何故之以也？曰唯以其能一同其乡之义，是以乡治。

乡长治其乡，而乡既已治矣，有率其乡万民，以尚同乎国君，曰："凡乡之万民，皆上同乎国君，而不敢下比。国君之所是，必亦是之，国君之所非，必亦非之。去而不善言，学国君之善言；去而不善行，学国君之善行。国君固国之贤者也，举国人以法国君，夫国何说而不治哉？"察国君之所以治国，而国治者，何故之以也？曰唯以其能一同其国之义，是以国治。

国君治其国，而国既已治矣，有率其国之万民，以尚同乎天子，曰："凡国之万民上同乎天子，而不敢下比。天子之所是，必亦是之，天子之所非，必亦非之。去而不善言，学天子之善言；去而不善行，学天子之善行。天子者，固天下之仁人也，举天下之万民以法天子，夫天下何说而不治哉？"察天子之所以治天下者，何故之以也？曰唯以其能一同天下之义，是以天下治。

夫既尚同乎天子，而未上同乎天者，则天灾将犹未止也。故当若天降寒热不节，雪霜雨露不时⑫，五谷不孰⑬，六畜不遂⑭，疾灾戾疫⑮，飘风苦雨，荐臻而至者⑯，此天之降罚也，将以罚下人之不尚同乎天者也。故古者圣王，明天鬼之所欲，而避天鬼之所憎，以求兴天下之利，而避天下之害⑰。是以率天下之万民，齐戒沐浴⑱，洁为酒醴粢盛⑲，以祭祀天鬼。其事鬼神也，酒醴粢盛不敢不蠲洁⑳，牺牲不敢不腯肥㉑，珪璧币帛不敢不中度量㉒，春秋祭祀不敢失时几㉓，听狱不敢不中，分财不敢不均，居处不敢怠慢。曰其为正长若此，是故上者天鬼有厚乎其为政长也，下者万民有便利乎其为政长也。天鬼之所深厚而能强从事焉，则天鬼之福可得也。万民之所便利而能强从事焉，则万民之亲可得也。其为政若此，是以谋事得，举事成，入守固，出诛胜者，何故之以也？曰唯以尚同为政者也。故古者圣王之为政若此。"

今天下之人曰：'方今之时，天下之正长犹未废乎天下也，而天下之所以乱者，何故之以也？'曰唯以其所以乱者，何故之以也？"子墨子曰："方今之时之以正长㉔，则本与古者异矣，譬之若有苗之以五刑然㉕。昔者圣王制为五刑，以治天下，逮至有苗之制五刑，以乱天下。则此岂刑不善哉？用刑则不善也。是以先王之《书·吕刑》之道曰：「苗民否用练折则刑㉖，唯作五杀之刑，曰法㉗。」则此言善用刑者以治民，不善用刑者以为五杀，则此岂刑不善哉？用刑则不善也。故遂以为五杀。是以先王之《书·术令》之道㉘曰：「唯口出好兴戎。」则此言善用口者出好，不善用口者以为逸贼寇戎。则此岂口不善哉？用口则不善也，故遂以为逸贼寇戎。

故古者之置正长也，将以治民也，譬之若丝缕之有纪，而罔罟之有纲也，将以运役天下淫暴㉙，而一同其义也。

是以先王之《书》，相年之道曰㉚：「夫建国设都，乃作后王君公㉛，否用泰㉜也，轻大夫师长㉝，维辩使治天均㉞。」则此语古者上帝鬼神之建设国都，立正长也，非高其爵，厚其禄，富贵佚而错之也㉟，将以为万民兴利除害，富贵贫寡，安危治乱也。故古者圣王之为若此。今王公大人之为刑政则反此。政以为便譬㊱，宗於父兄故旧㊲，以为左右，置以为正长。民知上置正长之非正以治民也㊳，是以皆比周隐匿㊴，而莫肯尚同其上。是故上下不同义。若苟上下不同义，赏誉不足以劝善，而刑罚不足以沮暴。何以知其然也？曰上唯毋立而为政乎国家，为民正长，曰人可赏吾将赏之。若苟上下不同义，上之所赏，则众之所非，曰人众与处，于众得非。则是虽使得上之赏，未足以劝乎！上唯毋立而为政乎国家，为民正长，曰人可罚吾将罚之。若苟上下不同义，上之所罚，则众之所誉，曰人众与处，于众得誉。则是虽使得上之罚，未足以沮乎！若立而为政乎国家，为民正长，赏誉不足以劝善，而刑罚不沮暴，则是不与乡吾本言民「始生未有正长之时同」乎㊵！若有正长与无正长之时同，则此非所以治民一众之道。故古者圣王唯而审以尚同㊶，以为正长，是故上下情请为通㊷。上有隐事遗利㊸，下得而利之㊹；下有蓄怨积害，上得而除之。是以数千万里之外，有为善者，其室人未遍知，乡里未遍闻，天子得而赏之。数千万里之外，有为不善者，其室人未

诸子百家

第三章 墨家

遍知，乡里未遍闻，天子得而罚之。是以举天下之人皆恐惧振动惕慄不敢为淫暴，曰天子之视听也神。先王之言曰："非神也，夫唯能使人之耳目助己视听，使人之吻助己言谈，使人之心助己思虑，使人之股肱助己动作。"助之视听者众，则其所闻见者远矣；助之言谈者众，则其德音之所抚循者博矣[45]；助之思虑者众，则其谈谋度速得矣；助之动作者众，即其举事速成矣。

故古者圣人之所以济事成功，垂名于后世者，无他故异物焉，曰唯能以尚同为政者也。是以先王之书《周颂》之道之曰[47]："载来见彼王[48]，聿求厥章[49]。"则此语古者国君诸侯之以春秋来朝聘天子之廷[50]，受天子之严教，退而治国，政之所加[51]，莫敢不宾[52]。当此之时，本无有敢纷天子之教者。《诗》曰："我马维骆[53]，六辔沃若[54]，载驰载驱[55]，周爱咨度[56]。"又曰："我马维骐[57]，六辔若丝[58]，载驰载驱，周爱咨谋[59]。"即此语也。古者国君诸侯之闻见善与不善也，皆驰驱以告天子，是以赏当贤，罚当暴，不杀不辜，不失有罪，则此尚同之功也。

【注释】

① "复古"句：回过头去考查古之民始生之时。② 相交非……作"交相非"。③ 至乎：至于。④ 节：礼节、节操。⑤ 请：通情，情况。⑥ 赞阅：当为衍文。⑦ 靡分：分散。⑧ 将军大夫：即卿大夫。⑨ 远：当作逮。⑩ 乂：当作乎。⑪ 毁罚：非毁、诛罚。⑫ 不时：不按时节降雪霜雨露。⑬ 孰：同熟。⑭ 遂：繁盛，兴旺。⑮ 疢疫：疢通疢，疾疫，即瘟疫。⑯ 荐臻：频繁、不断。⑰ 以求兴天下之害：此句应为"以求兴天下之利，除天下之害。"⑱ 齐戒沐浴：当作斋戒沐浴。⑲ 粢盛：古代盛在祭器内用以祭祀的谷物。⑳ 蠲洁：清洁。㉑ 脂肥：肥壮。㉒ 珪璧：古代玉器名。㉓ 时几：时期。㉔ 以：同为。㉕ 有苗：古代族名。㉖ 否用练折则刑：即是"不用令制则刑"，意为：不听从命令就制定刑罚。㉗ 曰法：也叫法。㉘ 术令：《尚书》篇名。㉙ 运役：应作"连收"，控制之意。㉚ 相年……五刑：即下文的"五杀之刑"。是指墨、劓、剕、宫、大辟。

㉚应作「巨年」，是说前辈老年人。㉛作：设立。天子：君公：诸侯。㉜否：不是。泰：用。因此，骄纵恣肆。㉝轻：当为卿。师长：众官之长。㉞辩：通辨，分也，谓分授以职。天均：天的公平之道。㉟佚：即淫佚。㊱便嬖：就是左右得宠的小人。㊲宗於：当作宗族。㊳正：衍文。㊴比周隐匿：结党营私，相互隐瞒。错：同措。设置。骄纵恣肆。㊵乡：不久。㊶唯而：唯能。审以尚同：尚同下脱「者」字，应为「审以尚同者，以为正长」，即审慎地使用尚同的人，作为行政长官。㊷上下情请为通：请，即情。「上下情请为通」，即上下情互通。㊸隐事遗利：没有计划到的事和没有兴办的利益。㊹下得而利之：下面知道了能及时提醒他，使之得利。㊺吻：口。㊻德音：善言。㊼周：始。辟王：指周成王。㊽《诗经》中颂诗的一种。此句中第三个「之」为衍文。㊾事求厥章：此句在《诗经》中现为「日求厥章。」厥：那个。章：指车、服的典章制度。㊿朝聘：古时诸侯定时朝见天子。㈤政之所加：天子政令所到之处。㈥不宾：不服。㈦骆：尾巴和颈毛黑色的马。颂：《诗经》中颂诗的一种。此句中第三个「之」为衍文。㈧载来见彼王：此句在《诗经》中现为「载见辟王」。载：始。辟王：指周成王。㈨爰咨度：周，普遍、广泛。爰：语助词。咨度：询问商量。以上诗句见《诗经·小雅·皇皇者华》篇。㈤錀：驾驭牲口的缰绳。沃若：形容光泽鲜润柔美。㈤载：语助词。㈥周爰咨度：周，普遍、广泛。爰：语助词。咨度：询问商量。㈦骐：青色有黑纹的马。㈧若丝：如丝一样调和坚韧。㈨咨谋：访问商量。

尚同下

子墨子言曰：「知者之事，必计国家百姓所以治者而为之①，必计国家百姓之所以乱者而辟之②。然计国家百姓之所以治者何也？上之为政，得下之情则治，不得下之情则乱，何以知其然也？上之为政，得下之情，则是明于民之善非也③。若苟明于民之善非也，则得善人而赏之，得暴人而罚之也。善人赏而暴人罚，则国必治。上之为政也，不得下之情，则是不明于民之善非也。若苟不明于民之善非，则是不得善人而赏之，不得暴人而罚之。善人不赏而

诸子百家

第三章 墨家

暴人不罚，为政若此，国众必乱④。故赏不得下之情⑤，而不可不察者也。

然计得下之情将奈何可？故子墨子曰：「唯能以尚同一义为政，然后可矣。」

然胡不审稽古之治为政之说乎⑥。古者，天之始生民，未有正长也，百姓为人⑦。若苟百姓为人，是一人一义，十人十义，百人百义，千人千义，逮至人之众不可胜计也，则其所谓义者，亦不可胜计。此皆是其义，而非人之义，是以厚者有斗⑧，而薄者有争⑨。

是以天下之欲同一天下之义也，是故选择贤者，立为天子。天子以其知力为未足独治天下，是以选择其次立为三公。三公又以其知力为未足独左右天子也，是以分国建诸侯。诸侯又以其知力为未足独治其四境之内也，是以选择其次立为卿之宰⑪。卿之宰又以其知力为未足独左右其君也，是以选择其次立而为乡长家君⑫。

是故古者天子之立三公、诸侯、卿之宰、乡长家君，非特富贵游佚而择之也，将使助治乱刑政也⑬。故古者建国设都，乃立后王君公，奉以卿士师长⑭，此非欲用说也⑮，唯辩而使助治天明也⑯。

足以劝善，计其毁罚，不足以沮暴。

今此何为人上而不能治其下，为人下而不能事其上，则是上下相贼也，何故以然？则义不同也。若苟义不同者有党⑰，上以若人为善，将赏之，若人唯使得上之赏⑱，而辟百姓之毁⑲，是以为善者，必未可使劝，见有赏也。上以若人为暴，将罚之，若人唯使得上之罚，而怀百姓之誉⑳，是以为暴者，必未可使沮，见有罚也。故计上之赏誉，不

然则欲同一天下之义，将奈何可？故子墨子言曰：「然胡不赏使家君试用家君，发宪布令其家㉑，曰：『若见爱利家者，必以告，若见恶贼家者㉒，亦必以告。若见爱利家以告，亦犹爱利家者也，上得且赏之，众闻则誉之，若见恶贼家不以告，亦犹恶贼家者也，上得且罚之，众闻则非之。』是以遍若家之人㉓，皆欲得其长上之赏誉㉔，辟其毁罚。

是以善言之，不善言之㉕，家君得善人而赏之，得暴人而罚之。善人之赏，而暴人之罚，则家必治矣。然计若家之所

以治者何也？唯以尚同一义为政故也。

家既已治，国之道尽此已邪㉖？则未㉗也。国之为家数也甚多㉘，此皆是其家，而非人之家，是以厚者有乱，而薄者有争？

故又使家君总其家之义㉙，以尚同于国君。国君亦为发宪布令于国之众，曰："若见爱利国者，必以告，若见恶贼国者，亦必以告。若见爱利国以告者，亦犹爱利国者也，上得且赏之，众闻则誉之，若见恶贼国不以告者，亦犹恶贼国者也，上得且罚之，众闻则非之。"是以遍若国之人，皆欲得其长上之赏誉，避其毁罚。

国君既已治矣，天下之道尽此已邪？则未也。天下之为国数也甚多，此皆是其国，而非人之国，是以厚者有战，而薄者有争。

故又使国君选其国之义㉚，以尚同于天子。天子亦为发宪布令于天下之众，曰："若见爱利天下者，必以告，若见恶贼天下者，亦以告。若见爱利天下以告者，亦犹爱利天下者也，上得且赏之，众闻则誉之，若见恶贼天下不以告者，亦犹恶贼天下者也，上得且罚之，众闻则非之。"是以遍天下之人，皆欲得其长上之赏誉，避其毁罚。天子得善人而赏之，得暴人而罚之，善人赏而暴人罚，天下必治矣。

天下既已治，天子又总天下之义，以尚同于天。故当尚同之为说㉜也，尚用之天子㉝，可以治天下矣；中用之诸侯，可而治其国矣；小用之家君，可而治其家矣。是故大用之，治天下不窕㉞，小用之，治一国一家而不横者㉟，若道之谓也㊱。

故曰治天下之国若治一家，使天下之民若使一夫。意独子墨子有此㊲，而先王无此其有邪？则亦然也。圣王皆以尚同为政，故天下治。何以知其然也？于先王之书也，《大誓》之言然㊳，曰："小人见奸巧乃闻，不言也，发罪钧㊴。"

此言见淫辟不以告者，其罪亦犹淫辟者也。

故古之圣王治天下也，其所差论㊵，以自左右羽翼者皆良，外为之人㊶，助之视听者众。故与人谋事，先人得之；

与人举事，先人成之；光誉令闻㊷，先人发之㊸。唯信身而从事㊹，故利若此。古者有语焉，曰：『一目之视也，不若二目之视也㊺。一耳之听也，不若二耳之听也㊻。一手之操也，不若二手之强也。』夫唯能信身而从事，故利若此。是故古之圣王之治天下也，千里之外有贤人焉，其乡里之人皆未之均闻见也㊼，圣王得而赏之。千里之内有暴人焉，其乡里未之均闻见也，圣王得而罚之。故唯毋以圣王为聪耳明目与？岂能一视而通见千里之外哉！一听而通闻千里之外哉！圣王不往而视也，不就而听也㊽。然而使天下之为寇乱盗贼者，周流天下无所重足者何也？其以尚同为政善也。

是故子墨子曰：『凡使民尚同者，爱民不疾㊾，民无可使，曰必疾爱而使之，致信而持之㊿，富贵以道其前(51)，明罚以率其后(52)。为政若此，唯欲毋与我同，将不可得也。』

是以子墨子曰：『今天下王公大人士君子，中情将欲为仁义(53)，求为上士，上欲中圣王之道，下欲中国家百姓之利，故当尚同之说(54)，而不可不察尚同为政之本，而治要也。』

【注释】

①计：考虑。②辟：通避，避免。③善非：好与不好。④国众：国家和人民。⑤赏：赏下脱『罚』字。⑥胡：通何。审稽：考察。治：当作始。⑦百姓为人：当作『百姓为主』。⑧厚者：严重的。⑨薄者：不严重的。⑩左右：辅佐。⑪卿之宰：即『宰与卿』。⑫家君：卿大夫封地的总管。⑬乱：衍文。⑭奉：授。⑮说：同悦。⑯辩：辨也，即分。天明：天下明治。⑰党：偏私。⑱唯：通虽。⑲辟：通避，避免。『辟』上脱『不』字。⑳怀：怀有、受到。㉑这句应为：『胡不尝试用家君发宪布令其家。』即『何不尝试用家君向全家人发布命令』。㉒恶贼家者：憎恨家残害家的人。㉓遍若家之人：这全家的人。㉔长上：家君。㉕善言之，不善言之：好的告诉家君，不好的也告诉家君。㉖国之道尽此已邪：治国的方法全都在此了吗？㉗未：没有，意思是还不完备。㉘国之为家数也甚多：国中之家为数很多。㉙总其家之义：统

①他全家的意见。㉚选：当作总。㉛唯而：唯能。㉜当：像。为说：作为一种主张。㉝尚用之天子：上用之于天子。㉞不窕：不满。不窕，即不亏缺。㉟横：充塞。㊱若道之谓：这正是说的尚同这一主张。㊲意独：难道只有。此：这种见解。指『尚同』的主张。㊳大誓：即《泰誓》，《尚书》篇名。言然：说的那样。㊴发罪钧：今《泰誓》云：『厥罪惟钧。』钧，同也。意为：其罪与奸巧者同。㊵差论：选择。㊶以自左右羽翼者皆良，外为之人：『当作其所差论，以自为左右羽翼者，皆良桀之人。』㊷先誉令闻：荣誉和好名声。㊸先人发之：要比别人早传出去。㊹信身：当作『信民』意思是相信人民耳目之实，以为圣王治理之资。㊺均：遍，全。㊻就：接近。㊼周流：周游、流浪。无所重足：没有立足之地。㊽善：好处。㊾疾：力。㊿致信：表示信任。持之：把握或掌握他们。㈤道：同导，引导。㈥率：律，警。㈦中情：诚心。㈧当：如。

兼爱上

圣人以治天下为事者也，必知乱之所自起，焉能治之①，不知乱之所自起，则不能治，譬之如医之攻人之疾者然②，必知疾之所自起，焉能攻之；不知疾之所自起，则弗能攻。治乱者何独不然，必知乱之所自起，焉能治之；不知乱之所自起，则弗能治。

圣人以治天下为事者也，不可不察乱之所自起，当察乱何自起③？起不相爱。臣子之不孝君父，所谓乱也。子自爱不爱父，故亏父而自利；弟自爱不爱兄，故亏兄而自利；臣自爱不爱君，故亏君而自利，此所谓乱也。虽父之不慈子，兄之不慈弟，君之不慈臣，此亦天下之所谓乱也。父自爱也不爱子，故亏子而自利；兄自爱也不爱弟，故亏弟而自利；君自爱也不爱臣，故亏臣而自利。是何也？皆起不相爱。虽至天下之为盗贼者亦然，盗爱其室不爱其异室⑥，故窃异室以利其室；贼爱其身不爱人，故贼人以利其身，此何也？皆起不相爱。虽至大夫之相乱家⑦，诸侯之相攻国者亦然。大夫各爱其家，不爱异家，故乱异家以利其家；诸侯各爱其国，不爱异国，故攻异国以利其国，天下之乱物具此而已矣⑧。察此何自起？皆起不相爱。

若使天下兼相爱⑨，爱人若爱其身，犹有不孝者乎？视父兄与君若其身，恶施不孝⑩？犹有不慈者乎？视弟子与臣若其身，恶施不慈？故不孝不慈亡有。犹有盗贼乎？视人之室若其室⑫，谁窃？视人身若其身，谁贼⑬？故盗贼亡有。犹有大夫之相乱家、诸侯之相攻国者乎⑪？视人家若其家，谁乱？视人国若其国，谁攻？故大夫之相乱家，诸侯之相攻国者亡有。若使天下兼相爱，国与国不相攻，家与家不相乱，盗贼无有，君臣父子皆能孝慈，若此则天下治。故圣人以治天下为事者，恶得不禁恶而劝爱⑭？故天下兼相爱则治，交相恶则乱。故子墨子曰：'不可以不劝爱人者，此也。'

兼爱中

子墨子言曰：仁人之所以为事者，必兴天下之利，除去天下之害，以此为事者也。然则天下之利何也？天下之害何也？子墨子言曰：今若国之与国之相攻，家之与家之相篡①，人之与人之相贼，君臣不惠忠，父子不慈孝，兄弟不和调，此则天下之害也。然则崇此害亦何用生哉？以不相爱生邪？子墨子言：以不相爱生。今诸侯独知爱其国，不爱人之国，是以不惮举其国以攻人之国②。今家主独知爱其家，而不爱人之家③，是以不惮举其家以篡人之家。今人独知爱其身，不爱人之身，是以不惮举其身以贼人之身。是故诸侯不相爱则必野战，家主不相爱则必相篡，人与人不相爱则必相贼，君臣不相爱则不惠忠，父子不相爱则不慈孝，兄弟不相爱则不和调。天下之人皆不相爱，强必执弱，

【注释】

①焉：乃、才。②攻：治疗。③然：这样。④亏：损害。⑤虽：即使。⑥其：第二个'其'字是衍文。⑦家：士大夫之封邑。相乱家：侵夺封邑。⑧乱物：天下乱事。⑨兼相爱：全都相亲相爱。⑩恶施：怎么做。恶：何、怎么。施：干、做。⑪亡有：没有。⑫故：衍文。⑬谁贼：谁残害别人？⑭恶得：怎么能。禁恶：禁止相互仇恨。

富必侮贫，贵必敖贱④，诈必欺愚。凡天下祸篡怨恨，其所以起者，以不相爱生也，是以仁者非之。

既以非之，何以易之？子墨子言：以兼相爱交相利之法易之。然则兼相爱交相利之法将奈何哉？子墨子言：

视人之国若视其国，视人之家若视其家，视人之身若视其身。是故诸侯相爱则不野战，家主相爱则不相篡，人与人相爱则不相贼，君臣相爱则惠忠，父子相爱则慈孝，兄弟相爱则和调。天下之人皆相爱，强不执弱，众不劫寡，富不侮贫，贵不敖贱，诈不欺愚。凡天下祸篡怨恨可使毋起者，以相爱生也，是以仁者誉之。然而今天下之士君子曰：然，乃若兼则善矣，虽然，天下之难物于故也。子墨子言曰：天下之士君子，特不识其利，辨其故也。今若夫攻城野战，杀身为名，此天下百姓之所皆难也，苟君说⑤之，则士众能为之。况于兼相爱，交相利，则与此异。夫爱人者，人必从而爱之；利人者，人必从而利之；恶人者，人必从而恶之；害人者，人必从而害之。此何难之有！特上弗以为政⑥，士不以为行故也。

昔者晋文公好士之恶衣⑦，故文公之臣皆牂羊⑧之裘，韦⑨以带剑，练帛⑩之冠，入以见于君，出以践⑪朝。是其故何也？君说之，故臣为之也。昔者楚灵王⑫好士细要⑬，故灵王之臣皆以一饭为节，胁息⑭然后带，扶墙然后起。比期年⑮，朝有黧黑⑯之危。是其故也。君说之，故臣能之也。昔越王句践⑰好士之勇，教驯其臣，和合之焚舟失火，试其士曰：越国之宝尽在此！越王亲自鼓其士而进之。士闻鼓音，破碎乱行，蹈火而死者左右百人有余。越王击金⑱而退之。

是故子墨子言曰：乃若夫少食恶衣，杀身而为名，此天下百姓之所皆难也，若苟君说之，则众能为之。况兼相爱，交相利，与此异矣。夫爱人者，人亦从而爱之；利人者，人亦从而利之；恶人者，人亦从而恶之；害人者，人亦从而害之。此何难之有焉，特上不以为政而士不以为行故也。

然而今天下之士君子曰："然，乃若兼则善矣。虽然，不可行之物也。譬若挈① 太山②越河济③也。"子墨子言："是非其譬也。夫挈太山而越河济，可谓毕劫有力矣，自古及今未有能行之者也。况乎兼相爱，交相利，则与此异，古者圣王行之。何以知其然？古者禹治天下，西为西河、渔窦，以泄渠、孙、皇之水；北为防、原、泒，注后之邸，嘑池之窦，洒为底柱，凿为龙门，以利燕、代、胡、貉与西河之民；东方漏之陆，防孟诸之泽，洒为九浍，以楗东土之水，以利冀州之民；南为江、汉、淮、汝，东流之，注五湖之处，以利荆、楚、干、越与南夷之民。此言禹之事，吾今行兼矣。昔者文王之治西土，若日若月，乍光于四方于西土，不为大国侮小国，不为众庶侮鳏寡，不为暴势夺穑人黍、稷、狗、彘，天屑临文王慈，是以老而无子者，有所得终其寿，连独无兄弟者，有所杂于生人之间；少失其父母者，有所放依而长。此文王之事，则吾今行兼矣。昔者武王将事泰山隧，传曰：'泰山，有道曾孙周王有事，大事既获，仁人尚作，以祇商夏，蛮夷丑貉。虽有周亲，不若仁人，万方有罪，维予一人。'此言武王之事，吾今行兼矣。是故子墨子言曰：'今天下之君子，忠实欲天下之富，而恶其贫，欲天下之治，而恶其乱，当兼相爱，交相利，此圣王之法，天下之治道也，不可不务为也。'"

【注释】

① 篡：也作"拏"。用强力夺取。② 惮："单"的通假字，亦作"𢜔"。畏难，畏惧。《诗·小雅·绵蛮》："岂敢惮行，畏不能趋。"郑玄笺："惮，难也。"③ 家主：春秋时对卿大夫的称谓。④ 敖：傲慢，骄傲。后通作"傲"。《诗·小雅·桑扈》："彼交匪敖，万福来求。"《朱熹集传》："敖、傲通。交际之间无所傲慢，则我无事于求福，而福反来求我矣。"⑤ 说："兑"的通假字，后作"悦"。喜好，喜爱。⑥ 上：君主，皇帝。《国语·齐语》："于子之乡，有不慈于父母……不用上令者，有则以告。"韦昭注："上，君长也。"⑦ 晋文公（公元前697—前

628）：春秋时霸主，晋国国君，公元前636—前628年在位。姓姬，名重耳，在位九年，在赵衰、狐偃、狐毛贾佗、先轸、魏武子、介之推等人的辅助下成为春秋五霸之一。恶衣：破旧或粗劣的衣服。⑧牂羊：母羊。⑨韦：皮制的剑鞘。⑩练帛：大帛，指粗疏的缯帛。⑪践：走，行走。⑫楚灵王：本名芈围，是楚共王的次子，杀了大哥熊麇自立，偏爱细腰美女。⑬要：「腰」的古字。⑭胁息：敛缩气息，后多表示恐惧。⑮期年：亦作「朞年」。一年。⑯黧黑：指脸色黑。⑰句践：即勾践，春秋末越国国君，公元前497—前465年在位。曾被吴国打败，屈服求和。后来卧薪尝胆，发愤图强，在公元前482年灭吴，成为霸主。⑱金：指军队中做信号用的乐器钲。⑲挈：提起，悬持。⑳太山：即泰山。㉑河济：亦作「河泲」。黄河与济水的并称。与长江、淮河合称为「四渎」。㉒毕劫：犹毕强，敏捷而强劲。孙诒让《墨子间诂》：「《淮南子·览冥训》云：「体便轻毕。」高注云：「毕，疾也。」「劫」于义无取，疑当为「劲」与「强」义亦同。」下篇及《非乐上篇》有「股肱毕强」之文，「劲」点》云：「劫，用力也。」或当为「劲」。㉓渔窦：未详。毕沅疑即「龙门」，尹桐阳以为即「鲤鱼涧」，在山西河东，吴毓江疑为「漂水」。㉔洍：古水名，发源于今山西省繁峙县南，为滹沱河之源。㉕后之邸：在今山西太原祁县东。㉖嘑池之窦：即滹沱河。源自山西，流入河北。㉗底柱：山名。在三门峡黄河急流中，其形如柱，故名。现已炸毁。底，也写作「砥」。㉘龙门：即禹门口。在山西省河津县西北和陕西省韩城市东北。黄河至此，两岸峭壁对峙，形如门阙，因此而得名。㉙貉：同「貊」。有两种解释，一种是指古代北方部族名。《周礼·夏官·职方氏》：「掌天下之图，以掌天下之地，辨其邦国、都鄙、四夷、八蛮、七闽、九貉、五戎、六狄之人民，与其财用、九谷、六畜之数要，周知其利害。」郑玄注引郑司农曰：「北方曰貉狄。」另一种是指北方古国名。《汉书·高帝纪上》：「北貉、燕人来致枭骑助汉。」颜师古注：「应劭曰：『北貉，国也。枭，健也。』貉在东北方，三韩之属皆貉类也，音莫客反。」㉚东为漏之陆：孙诒让《墨子间诂》疑为「东为漏大陆』。大陆：古泽薮名，又名巨鹿泽、广阿泽。地在今河北隆尧、巨鹿、任县三县之间。㉛孟诸：亦作『孟猪』，亦作『孟潴』，古泽薮名。在今河南商丘东北、虞城西北。㉜九浍：指九河。毕沅注：『即九河也。』㉝楗：遏制，堵塞。㉞五湖：江南五大湖的总称。是指具区、洮涡、彭蠡、青草、洞庭。㉟鳏寡：老而无妻或无夫的人，引申指老弱孤苦之人。㊱稺人：农夫。㊲豙：猪。㊳屑临：顾视。孙诒让《墨子间诂》引《后汉书·马廖传》李贤注：『屑，顾也。』一说犹异临，殊异的视。于省吾《双剑誃诸子新证·墨子一》：『言天对于文王之慈惠，将加殊异之临视也。犹今俗书牍言青睐。《孟鼎》："古天异临子。"古读故，屑临即异临。』㊴连独：孤独。孙诒让《墨子间诂》：『连，疑当读为矜，一声之转……连独犹言穷苦茕独耳。』㊵隧：地道。㊶祇：崇敬。

兼爱下

子墨子言曰：『仁人之事者，必务求兴天下之利，除天下之害。』然当今之时，天下之害孰为大①？曰：『若大国之攻小国也，大家之乱小家也，强之劫弱，众之暴寡，诈之谋愚，贵之敖贱，此天下之害也。又与为人君者之不惠也②，臣者之不忠也，父者之不慈也，子者之不孝也，此又天下之害也。又与今人之贱人，执其兵刃、毒药、水、火，以交相亏贼⑤，此又天下之害也。』姑尝本原若众害之所自生⑥，此胡自生⑦？此自爱人利人生与？即必曰非然也，必曰从恶人贼人生⑧。分名乎天下恶人而贼人者⑨，兼与⑩？别与⑪？即必曰别也。然即之交别者⑫，果生天下之大害者与？是故别非也。

子墨子曰：『非人者必有以易之⑬，若非人而无以易之，譬之犹以水救火也⑭，其说将必无可焉⑮。』是故子墨子曰：『兼以易别⑯。』然即兼之可以易别之故何也？曰：『藉为人之国⑰，若为其国，夫谁独举其国以攻人之国者哉⑱？为彼犹为己也。为人之都，若为其都，夫谁独举其都以伐人之都者哉？为彼犹为己也。为人之家，若为其家，夫谁独举其家以乱人之家者哉？为彼犹为己也。然即国、都不相攻伐，人家不相乱贼，此天下之害与？天下之利与？

即必曰天下之利也。姑尝本原若众利之所自生，此胡自生？此自恶人贼人生与？即必曰非然也，必曰从爱人利人生。分名乎天下爱人而利人者，别与？兼与？即必曰兼也。然即之交兼者⑲，果生天下之大利者与。是故子墨子曰：『兼是也。且乡吾本言曰⑳：「仁人之事者，必务求兴天下之利，除天下之害。」今吾本原兼之所生，天下之大利者也；吾本原别之所生，天下之大害者也。』是故子墨子曰：『别非而兼是者，出乎若方也㉑。』

今吾将正求与天下之利而取之，以兼为正㉒，是以聪耳明目相与视听乎㉓，是以股肱毕强相为动宰乎㉔，而有道肆相教诲㉕。是以老而无妻子者，有所侍养以终其寿；幼弱孤童之无父母者，有所放依以长其身。今唯毋以兼为正，即若其利也㉖，不识天下之士，所以皆闻兼而非者，其故何也？

然而天下之士非兼者之言㉗，犹未止也。曰：『即善矣。虽然，岂可用哉？』子墨子曰：『用而不可，虽我亦将非之。且焉有善而不可用者？姑尝两而进之㉘。谁以为二士㉙，使其一士者执别，使其一士者执兼。是故别士之言曰：「吾岂能为吾友之身，为吾友之亲，若为吾身，若为吾亲。」是故退睹其友，饥则食之，寒则衣之，疾病侍养，死丧葬埋。别士之言若此，行若此。兼士之言不然，行亦不然，曰：「吾闻为高士于天下者，必为其友之身，若为其身，为其友之亲，若为其亲，然后可以为高士于天下。」是故退睹其友，饥即食之，寒即衣之，疾病侍养之，死丧葬埋之。兼士之言若此，行若此。若之二士者㉚，言相非而行相反与？当使若二士者㉛，言必信，行必果㉜，使言行之合犹合符节也㉝，无言而不行也。然即敢问㉞，今有平原广野于此，被甲婴胄将往战㊱，死生之权未可识也㊲。又有君大夫之远使于巴、越、齐、荆㊳，往来及否未可识也㊴，然即敢问，不识将恶也㊵家室㊶，奉承亲戚㊷，提挈妻子㊸，而寄托之？不识于兼之有是乎㊹？于别之有是乎㊺？我以为当其于此也⑤，天下无愚夫愚妇，虽非兼之人，必寄托之于兼之有是也。此言而非兼，择即取兼，即此言行费也㊻。不识天下之士，所以皆闻兼而非之者，其故何也？』

然而天下之士非兼者之言,犹未止也。曰:"意可以择⁴⁷士而不可以择君乎?""姑尝两而进之。谁以为二君⁴⁸,使其一君者执兼,使其一君者执别,是故别君之言曰:'吾恶能为吾万民之身⁴⁹,若为吾身,此泰非天下之情也⁵⁰。人之生乎地上之无几何也,譬之犹驷驰而过隙也⁵¹。'别之言若此,行若此。兼君之言不然,行亦不然。曰:'吾闻为明君于天下者,必先万民之身,后为其身,然后可以为明君于天下。'是故退睹其万民,饥即食之,寒即衣之,疾病侍养之,死丧葬埋之。兼君之言若此,行若此。然即交若之二君者⁵²,言相非而行相反与?常使若二君者⁵³,言必信,行必果,使言行之合犹合符节也,无言而不行也。然即敢问,今岁有疠疫⁵⁴,万民多有勤苦冻馁⁵⁵,转死沟壑中者⁵⁶,既已众矣⁵⁷。不识将择之二君者,将何从也?我以为当其于此也,天下无愚夫愚妇,虽非兼者,必从兼君是也。言而非兼,择即取兼,此言行拂也。不识天下所以皆闻兼而非之者,其故何也?"

然而天下之士非兼者之言,犹未止也。曰:"兼即仁矣,义矣。虽然,岂可为哉?吾譬兼之不可为也,犹挈泰山以超江河也⁵⁸。故兼者直愿之也⁵⁹,夫岂可为之物哉?"子墨子曰:"夫挈泰山以超江河,自古之及今⁶⁰,生民而来未尝有也。今若夫兼相爱,交相利,此自先圣六王者亲行之⁶¹。"何知先圣六王之亲行之也?子墨子曰:"吾非与之并世同时⁶²,亲闻其声,见其色也。以其所书于竹帛,镂于金石,琢于盘盂,传遗后世子孙者知之。《泰誓》⁶³曰:'文王若日若月,乍照,光于四方于西土。'"即此言文王之兼爱天下之博大也,譬之日月兼照天下之无有私也。'即此文王兼也,虽子墨子之所谓兼者,于文王取法焉。

"且不唯《泰誓》为然,虽《禹誓》⁶⁴即亦犹是也。禹曰:'济济有众⁶⁵,咸听朕言⁶⁶,非惟小子,敢行称乱⁶⁷,蠢兹有苗⁶⁸,用天之罚⁶⁹,若予既率尔群对诸群⁷⁰,以征有苗。'禹之征有苗也,非以求以重富贵⁷¹,干福禄⁷²,乐耳目也,以求兴天下之利，除天下之害。」即此禹兼也。虽子墨子之所谓兼者，于禹求焉⑦。

「且不唯《禹誓》为然，虽《汤说》即亦犹是也⑦。汤曰：「惟予小子履⑦，敢用玄牡⑦，告于上天后⑦，曰：今天大旱，即当朕身履⑦，未知得罪于上下⑦，有善不敢蔽，有罪不敢赦，简在帝心⑦。万方有罪，即当朕身，朕身有罪，无及万方⑦。」即此汤贵为天子，富有天下，然且不惮以身为牺牲⑦，以祠说于上帝鬼神⑦。」即此汤兼也。虽子墨子之所谓兼者，于汤取法焉。

「且不惟《誓命》与《汤说》为然⑦，《周诗》即亦犹是也⑦。《周诗》曰：「王道荡荡⑦，不偏不党，王道平平⑦，不党不偏。其直若矢，其易若底⑧，君子之所履⑧，小人之所视⑨」，若吾言非语道之谓也⑨，古者文武为正⑩，均分赏贤罚暴，勿有亲戚弟兄之所阿⑩。」即此文武兼也⑭。虽子墨子之所谓兼者，于文武取法焉。不识天下之人⑮，所以皆闻兼而非之者，其故何也？

然而天下之非兼者之言，犹未止，曰：「意不忠亲之利⑯，而害为孝乎？」子墨子曰：「姑尝本原之孝子之为亲度者⑰。吾不识孝子之为亲度者，亦欲人爱利其亲与？意欲人之恶贼其亲与？以说观之⑱，即欲人之爱利其亲也。然即吾恶先从事即得此⑲？若我先从事乎爱利人之亲，然后人报我爱利吾亲乎⑳？意我先从事乎恶人之亲，然后人报我以爱利吾亲乎㉑？即必吾先从事乎爱利人之亲，然后人报我以爱利吾亲者与㉓？意以天下之孝子为遇而不足以为正乎㉔？姑尝本原之先王之所书㉕，《大雅》之所道曰：「无言而不雠㉖，无德而不报，投我以桃，报之以李。」即此言爱人者必见爱也㉗，而恶人者必见恶也㉘。不识天下之士，所以皆闻兼而非之者，其故何也？意以为难而不可为邪？尝有难此而可为者㉙。昔荆灵王好小要⑩，当灵王之身，荆国之士饭不逾乎一⑩，固据而后兴⑪，扶垣而后行。故约食为其难为也⑫，然后为而灵王说之⑬，未逾于世而民可移也⑭，即求以乡其上也⑮。

昔者越王勾践好勇，教其士臣三年，以其知为未足以知之也，焚舟失火，鼓而进之，其士偃前列[117]，伏水火而死，有不可胜数也[118]。当此之时，不鼓而退也，越国之士可谓颤矣[119]。故焚身为其难为也，然后为之越王说之，未逾于世而民可移也。昔者晋文公好苴服[120]，当文公之时，晋国之士，大布之衣，牂羊之裘，练帛之冠，且苴之屦，入见文公，出以践之朝。故苴服为其难为也，然后为之文公说之，未逾于世而民可移也。昔者楚灵王好细要，当灵王之时，楚国之士，饭不逾乎一，固据而后兴，扶垣而后行。故约食为其难为也，然后为之灵王说之，未逾于世而民可移也。是故约食、焚舟、苴服，此天下之至难为也，然后为之上说之，未逾于世而民可移也。何故也？即求以乡其上也。今若夫兼相爱、交相利，此其有利且易为也，不可胜计也，我以为则无有上说之者而已矣。苟有上说之者，劝之以赏誉，威之以刑罚，我以为人之于就兼相爱交相利也，譬之犹火之就上，水之就下也，不可防止于天下[121]。」

故兼者，圣王之道也，王公大人之所以安也，万民衣食之所以足也。故君子莫若审兼而务行之[122]，为人君必惠，为人臣必忠，为人父必慈，为人子必孝，为人兄必友[123]，为人弟必悌[124]。故君子莫若欲为惠君[125]、忠臣、慈父、孝子、友兄、悌弟，当若兼之不可不行也，此圣王之道而万民之大利也。

【注释】

①孰为大：什么是大的危害。②暴：虐待。③又与：即『又如』。不惠：不仁慈。④今人：人字为衍文。⑤交相亏贼：互相残害。⑥尝：尝试。本原：推究产生的根源。⑦胡：何，哪里。⑧恶人：憎恨人。贼人：残害人。⑨分名：分辨名目。⑩兼：指视人如己。⑪别：指别人与自己区分开，分别对待。⑫然即：那么。交别：相互之间都把别人与自己分开。⑬非人：当作『非之』。有以易之：有其他东西来替换它。⑭以水救火：当作『犹以水救水，以火救火也』。⑮将必无可：当必不可。⑯兼以易别：用视人如己来改变人我有别。⑰藉：假如。为：对待。⑱独：还。举其国：动用全国的力量。⑲交兼：人们相互之间都视别人如自己。⑳乡：即响，不久。㉑方：道理、法则。㉒此二句疑原文应作『今吾

将求兴天下之利,除天下之害,而取以兼为正。"正:通政。㉓与:当作为。相为视听:相互助人视听。㉔动宰:动作。㉕有道:用道义。肆:勉力。㉖即若其利:则其利若此。㉗非兼者之言:否定兼爱的言论。㉘两:指执『兼』和执『别』的两种人。进之:即尽之。句意:且试设执『兼』与执『别』两种人完全按照自己的主张行事。㉙谁:当为设。㉚退下来、反身。睹:对待。㉛若之:像这。㉜当使:当为尝使。若:此。㉝言必信,行必果。说话一定兑现,行动一定果断敢为。㉞符节:古代朝廷用作传令、调兵遣将的凭证,双方各执一半,合之以验真假。㉟然即敢问:那么请问。㊱被:披。甲:铠甲。婴:系。胄:头盔。㊲权:权衡。㊳君大夫:有封地的大夫。巴、越、齐、荆,都为古国名。巴,在今川东鄂西一带;越,在今江浙一带;齐,在今山东一带;荆,即楚国,在今湖北湖南一带。㊴往来及否能否返回。㊵不知将恶也:恶下脱『从』字。即将如何办?㊶家室:当为『将固庇家室』。固庇:保护。㊷奉承:奉养。㊸提挈:带领。妻子:妻儿子女。㊹有:同友。㊺当其如此:当他处在这个时候。㊻费:通拂,违背。亲戚:指父母亲。㊼意:当作抑,或许。㊽谁:何,怎么。㊾恶:泰,通太。㊿犹驷驰而过隙:好比马车奔驰过隙那样短暂。㊀当作抑,或许。㊁然即交:衍文。㊂常:当为尝。㊃疠疫:瘟疫。㊄馁:饥饿。㊅转:弃。㊆既已众:已经为数很多。喻时间过得快。㊇江河:指长江、黄河。㊈直:只。愿:愿望。㊉之:到,至。㊊六王:当作四王。者:皆。行:实行。并世同时同一时代。㊋《泰誓》《尚书》篇名,原文已佚。㊌虽:通唯。㊍济济:众多貌。有:语助词。㊎咸:都。朕:我。㊏称乱:即发动战争。㊐蠢:此指不服从而蠢动。㊑用:行。㊒若:当作兹。群对诸群:当作群封诸君。㊓非以求以重富贵:当作非以求重富贵。㊔干:求。㊕求:当作取法。㊖《汤说》:即《汤誓》。㊗履:殷汤本名履。㊘玄牡:黑色的公牛。㊙上天后:当作上天。后土,指土地神。㊚当:担当,承担。㊛上下:指天和地。㊜简:存。㊝不惮:不怕。牺牲:祭品。㊞祠:祭祀。说:说服。㊟《誓命》:当作《禹誓》。㊠《周诗》:今作『无偏无党,王道荡荡无党无偏，王道平平。」㊝王道：指周王治国之道。荡荡：广阔。㊇不党：不偏私。㊈平平：公允、公平。㊉其直若矢，其易若厎：当作「其直如矢，其平如砥」。㊉履：履行、实行。㊊视：抑或、或许。㊋若吾言非语道之谓也，此句不可解。㊌正：同政。㊍阿：偏私、偏袒。㊎文武：周文王、周武王。㊏人：当作士。㊐意：当作中，即符合。㊑度：忖度，谋划。㊒说：道理。㊓恶先从事：即先从事什么。此指爱利吾亲。㊔爱利：孙诒让云「『爱利』上当有『以』字。」㊕恶人：恶下当有『贼』字。㊖之：这。㊗交孝子：相互为孝子。㊘毋：发语词，无义。㊙遇：通愚。正善。㊚所：衍文。㊛雒：难此，比此还难。㊜固：据。㊝见：被。㊞难：答应。㊟一⋯吃饭不超过一顿。⋯固：兴：站起。㊠约食：减少食量。其：当作綦，极。㊡乡：通向。迎合。上：君王。㊢当灵王之身：当灵王在世时。㊣后：当作众。㊤饭不逾乎一⋯吃饭不超过一顿。⋯固：兴：站起。㊥说：通悦。㊦通：通故。㊧未逾于世：未超过世代，即世代未变。民可移：指民俗改变。㊨偃：扑倒在地。㊩有：当作者，应属上句，即『伏水火而死者，不可胜数也。』㊪此处全句为：『当此之时，不鼓而退也，越国之士，可谓殚矣。』殚：竭和尽之意。㊫即以其智：㊬不如。㊭审：明察。㊮友：友爱其弟。㊯悌：敬顺兄长。㊰莫若：莫字为衍文。

非攻上

今有一人，入人园圃①，窃其桃李，众闻则非之，上为政者得则罚之。此何也？以亏人自利也。至攘人犬豕鸡豚者②，其不义又甚入人园圃窃桃李③。是何故也？以亏人愈多④。苟亏人愈多，其不仁兹甚⑤，罪益厚⑥。至入人栏厩⑦，取人马牛者，其不仁义又甚攘人犬豕鸡豚。此何故也？以亏人愈多。苟亏人愈多，其不仁兹甚，罪益厚。至杀不辜人也，扡其衣裘⑧，取戈剑者，其不义又甚入人栏厩取人马牛。此何故也？以亏人愈多。苟亏人愈多，其不仁兹甚矣，罪益厚。当此，天下之君子皆知而非之，谓之不义。今至大为攻国⑨，则弗知非，从而誉之，谓之义。此可谓知义与不义之别乎？

杀一人谓之不义，必有一死罪矣，若以此说往⑩，杀十人十重不义⑪，必有十死罪矣；杀百人百重不义，必有百死罪矣。当此，天下之君子皆知而非之，谓之不义。今至大为不义攻国，则弗知非，从而誉之，谓之义，情不知其不义也⑫，故书其言以遗后世。若知其不义也，夫奚说书其不义以遗后世哉？今有人于此，少见黑曰黑，多见黑曰白，则必以此人为不知白黑之辩矣。少尝苦曰苦，多尝苦曰甘，则必以此人为不知甘苦之辩矣。今小为非，则知而非之。大为非攻国，则不知非，从而誉之，谓之义。此可谓知义与不义之乱也。

【注释】

①园圃：果园与菜园。②攘：盗。豚：小猪。③甚：超过。④以：因为。亏：损害。愈：更。⑤兹：兹、滋古今字。滋，更。⑥厚：重。⑦栏厩：关牛马的圈。⑧扡：即拖，夺也。⑨大为：『大为』后据下文当补『不义』。⑩说往：推度，类推。⑪十重：十倍。⑫情：同诚。⑬则以此人不知白黑之辩矣：此句应为『则必以此人为不知白黑之辩矣。』

非攻中

子墨子言曰：古者王公大人，为政于国家者，情欲誉之审①，赏罚之当，刑政②之不过失。是故子墨子曰：古者有语：『谋而不得，则以往知来，以见知隐③兴起，冬行恐寒，夏行恐暑，此不可以冬夏为者也。春则废民耕稼树艺，秋则废民获敛。今唯毋废一时，则百姓饥寒冻馁④而死者，不可胜数。今尝计军上，竹箭羽旄⑤幄幕⑥，甲盾拨⑦劫，往而靡坏腑烂不反者，不可胜数。又与矛戟戈剑乘车，其往则碎折靡坏而不反者，不可胜数；与其牛马肥而往，瘠⑧而反，往死亡而不反者，不可胜数；与其涂道⑨之修远，粮食辍⑩绝而不继，百姓死者，不可胜数也；与其居处之不安，食饭之不时，饥饱之不节，废民之利，百姓之道疾病而死者，不可胜数。丧师⑪多不可胜数，丧师尽不可胜计，则是鬼神之丧其主后，亦不可胜数。国家发政，夺民之用，废民之利，若此甚众，然而何为为之？曰：

我贪伐胜之名，及得之利，故为之。子墨子言曰：计其所自胜，无所可用也。计其所得，反不如所丧者之多。今攻三里之城，七里之郭，攻此不用锐⑫，且无杀而徒得此然也。杀人多必数于万，寡必数于千，然后三里之城、七里之郭，且可得也。今万乘之国，虚数于千，不胜而入，广衍数于万，不胜而辟。然则土地者，所有余也，王民者，所不足也。今尽王民之死，严下上之患，以争虚城。则是弃所不足，而重所有余也。为政若此，非国之务者也。

饰⑬攻战者言曰：南则荆、吴之王，北则齐、晋之君，始封于天下之时，其土之方，未至有数百里也；人徒之众，未至有数十万人也。以攻战之故，土地之博至有数千里也；人徒之众至有数百万人。故当攻战而不可为也。子墨子言曰：虽四五国则得利焉，犹谓之非行道也。譬若医之药人之有病者然。今有医于此，和合其祝药⑭之于天下之有病者而药之，万人食此，若医四五人得利焉，犹谓之非行药也。故孝子不以食其亲，忠臣不以食其君。古者封国于天下，尚⑮者以耳之所闻，近者以目之所见，以攻战亡者，不可胜数。何以知其然也？东方有莒⑯之国者，其为国甚小，间于大国之间，不敬事于大，大国亦弗之从而爱利。是以东者越人夹削其壤地，西者齐人兼而有之。计莒之所以亡于齐越之间者，亦以攻战。虽北者中山诸国，其所以亡于燕、代、胡、貊之间者，亦以攻战也。是故子墨子言曰：古者王公大人，情欲得而恶失，欲安而恶危，故当攻战而不可不非。

饰攻战者之言曰：彼不能收用彼众，是故亡。我能收用我众，以此攻战于天下，谁敢不宾服⑰哉？子墨子言曰：子虽能收用子之众，子岂若古者吴阖闾⑱哉？古者吴阖闾教七年，奉甲执兵，奔三百里而舍焉，次⑲注林，出于冥隘之径，战于柏举⑳，中楚国而朝宋与及鲁。至夫差㉑之身，北而攻齐，舍于汶上㉒，战于艾陵，大败齐人而葆之大山，东而攻越，济㉓三江五湖㉔，而葆之会稽。九夷㉕之国莫不宾服。于是退不能赏孤，施舍群萌，自恃其力，伐其功，誉其智，怠于教，遂筑姑苏之台，七年不成。及若此，则吴有离罢之心。越王句践视吴上下不相得，收其众以复其雠，入北郭，徙大内，围王宫而吴国以亡。昔者晋有六将军，而智伯㉖莫为强焉。计其土地之博，人徒之众，欲以抗诸侯，以为英名。攻战之速，故差论㉗其爪牙之士，皆列其舟车之众，以攻中行氏而有之。以其谋为既已足矣，又攻兹范氏而大败之，并三家以为一家，而不止，又围赵襄子于晋阳。及若此，则韩、魏亦相从而谋曰：『古者有语，唇亡则齿寒。赵氏朝亡，我夕从之，赵氏夕亡，我朝从之。诗曰：「鱼水不务，陆将何及乎！」』是以三主之君，一心戮力㉘辟门除道，奉甲兴士，韩、魏自外，赵氏自内，击智伯大败之。是故子墨子言曰：『古者有语曰：「君子不镜㉙于水而镜于人，见面之容，镜于人，则知吉与凶。」今以攻战为利，则盖尝鉴之于智伯之事乎？此其为不吉而凶，既可得而知矣。』

【注释】

①审：慎重。②刑政：刑法政令。③唯毋：语气助词。④冻馁：指饥寒交迫。⑤羽旄：古时常用鸟羽和旋牛尾为旗饰，所以也用作旌旗的代称。⑥幄幕：帐幕。⑦拨：大盾。⑧瘠：瘦弱。⑨涂道：路途。⑩辍：中途停止，中断。⑪丧师：指军队战败而遭受损失。⑫锐：指精锐的部队，精锐的士卒。⑬饰：致力。⑭祝药：在患害处施药物。⑮尚：久，远。⑯莒：西周诸侯国名，公元前431年为楚所灭。故址在今山东省莒县。⑰宾服：归顺，服从。⑱阖闾：即阖庐。春秋末吴国君名光，公元前514—前496年在位。他用专诸刺杀王僚而自立。曾伐楚入郢（今湖北江陵西北），后在檇李（今浙江嘉兴西南）为越王勾践所败，重伤而死。⑲次：指军队驻扎。⑳柏举：亦作『柏莒』，古地名。春秋楚地。公元前506年，楚围蔡，吴救之，大败楚师于此。故址在今湖北麻城县境，具体所在说法不一：一说麻城东北的柏子山与举水的合称；一说在举水入长江口以南的举洲；一说即麻城东南举水所出龟峰山。㉑夫差（？—前473）：春秋时期吴国君主，在位时间是公元前496—前473，阖闾次子。㉒汉上：汉水之北。泛指春秋、战国时期齐国之地。㉓济：渡河。㉔三江五湖：指东南方的三条江与太湖流域一带的湖泊。㉕九夷：古代称东方的九种民族。也用来指其所居之地。㉖智伯：（？—前453）名瑶，

非攻下

子墨子言曰：『今天下之所誉善者①，其说将何哉②？为其上中天之利，而中中鬼之利，而下中人之利，故誉之与？意亡非为其上中天之利，而中中鬼之利，而下中人之利，故誉之。』今天下之所同义者⑤，圣王之法也。今天下之诸侯将犹多皆免攻伐并兼⑥，则是有誉义之名，而不察其实也。此譬犹盲者之与人，同命白黑之名⑦，而不能分其物也，则岂谓有别哉？是故古之知者之为天下度也⑧，必顺虑其义⑨，而后为之行，是以动则不疑，速通成得其所欲⑩，而顺天鬼百姓之利，则知者之道也。是故古之仁人有天下者，必反大国之说⑪，一天下之和，总四海之内，焉率天下之百姓⑫，以农臣事上帝山川鬼神⑬。利人多，功故又大，是以天赏之，鬼富之，人誉之，使贵为天子，富有天下，名参乎天地⑭，至今不废。此则知者之道也，先王之所以有天下者也。

今王公大人、天下之诸侯则不然，将必皆差论其爪牙之士，皆列其舟车之卒伍，于此为坚甲利兵⑮，以往攻伐无罪之国。入其国家边境，芟刈其禾稼⑯，斩其树木，堕其城郭⑰，以湮其沟池⑱，攘杀其牲牷⑲，燔溃其祖庙⑳，劲杀其万民㉑，覆其老弱，迁其重器㉒，卒进而柱乎斗㉓，曰：『死命为上㉔，多杀次之，身伤者为下，又况失列北桡乎哉㉕，罪死无赦』，以惮其众㉖。夫无兼国覆军，贼虐万民，以乱圣人之绪㉗。意将以为利天乎㉘？夫取天之人㉙，以攻天之邑，此刺杀天民，剥振神之位㉚，倾覆社稷，攘杀其牺牲，则此上不中天之利矣。意将以为利鬼乎？夫杀之人㉛，灭鬼神之主㉜，废灭先王，贼虐万民，百姓离散，则此中不中鬼之利矣。意将以为利人乎？夫杀之人，为利人也博矣㉝。又计其费此㉞，周生之本㉟，竭天下百姓之财用，不可胜数也，则此下不中人之利矣。

春秋末年晋国四卿之一。㉗差论：挑选，选择。㉘戮力：勉力，并力。戮，通『勠』。㉙镜：借鉴，鉴戒。

今夫师者之相为不利者也㊱，曰：将不勇，士不分㊲，兵不利，教不习，师不众，率不利和㊳，威不围，害之不久㊴，争之不疾，孙之不强㊵，植心不坚，与国诸侯疑。与国诸侯疑，则敌生虑，而意嬴矣。偏具此物㊷，而致从事焉，则是国家失卒，而百姓易务也㊸。今不尝观其说好攻伐之国㊹？若使中兴师，君子庶人也㊺，必且数千，徒倍十万㊻，然后足以师而动矣。久者数岁，速者数月，是上不暇听治，士不暇治其官府，农夫不暇稼穑，妇人不暇纺绩织纴，则是国家失卒，而百姓易务也。然而又与其车马之罢弊也，慢幕帷盖，三军之用，甲兵之备，五分而得其一，则犹为序疏矣㊼。然而又与其散亡道路㊽，道路辽远，粮食不继傺㊾，食饮之时㊿，厕役以此饥寒冻馁疾病[51]，而转死沟壑中者，不可胜计也。此其为不利于人也，天下之害厚矣。而王公大人，乐而行之。则此乐贼灭天下之万民也，岂不悖哉！

今天下好战之国，齐、晋、楚、越，若使此四国者得意于天下，此皆十倍其国之众，而未能食其地也。是人不足而地有余也。今又以争地之故，而反相贼也，然则是亏不足，而重有余也。」

今逮夫好攻伐之君，又饰其说以非子墨子曰：『以攻伐之为不义，非利物与？昔者禹征有苗，汤伐桀，武王伐纣，此皆立为圣王，是何故也？」子墨子曰：『子未察吾言之类，未明其故者也。彼非所谓攻，谓诛也。昔者三苗大乱，天命殛之[52]，日妖宵出[53]，雨血三朝，龙生于庙，犬哭乎市，夏冰，地坼及泉，五谷变化，民乃大振。高阳乃命玄宫[54]，禹亲把天之瑞令，以征有苗，四电诱祇[55]，有神人面鸟身，若瑾以侍，搤矢有苗之祥[56]，苗师大乱，后乃遂几[57]。禹既已克有三苗，焉磨为山川[58]，别物上下，卿制大极[59]，而神民不违，天下乃静。则此禹之所以征有苗也。逮至乎夏王桀，天有酷命，日月不时，寒暑杂至，五谷焦死，鬼呼国[61]，鹤鸣十夕余。天乃命汤于镳宫[64]，用受夏之大命，夏德大乱，予既卒其命于天矣，往而诛之，必使汝堪之㊚。』汤焉敢奉率其众，是以乡有夏之境[64]，帝乃使阴暴毁有夏之城[65]。汤奉有神来告曰[66]：「夏德大乱，往攻之，予必使汝大堪之㊷。予既受命于天，天命融隆火[68]，于夏之城间西北之隅。』汤桀众以克有⁶⁹，属诸侯于薄，荐章天命，通于四方，而天下诸侯莫敢不宾服。则此汤之所以诛桀也。逮至乎天不序其德⁷⁰，祀用失时，兼夜中，十日雨土于薄⁷¹，九鼎迁止⁷²，妇妖宵出，有鬼宵吟，有女为男，天雨肉，棘生乎国道，王兄自纵也⁷³。赤鸟衔珪，降周之岐社⁷⁴，曰："天命周文王伐殷有国。"泰颠来宾⁷⁵，河出绿图⁷⁶，地出乘黄⁷⁷，武王践功⁷⁸，梦见三神曰："予既沉渍殷纣于酒德矣⁷⁹，予必使汝大堪之。"武王乃攻狂夫⁸⁰，反商之周⁸¹，天赐武王黄鸟之旗⁸²。王既已克殷，成帝之来⁸³，分主诸神⁸⁴，祀纣先王，通维四夷⁸⁵，而天下莫不宾，焉袭汤之绪，此即武王之所以诛纣也。若以此三圣王者观之，则非所谓攻也，所谓诛也。'

则夫好攻伐之君，又饰其说以非子墨子曰：'子以攻伐为不义，非利物与？昔者楚熊丽始讨此睢山之间⁸⁶，越王繄亏⁸⁷，出自有遽⁸⁸，始邦于越⁸⁹。唐叔与吕尚邦齐晋⁹⁰。此皆地方数百里，今以并国之故，四分天下而有之。是故何也？'

子墨子曰：'子未察吾言之类，未明其故者也。古者天子之始封诸侯也，万有余，今以并国之故，万国有余皆灭，而四国独立。此譬犹医之药万有余人⁹¹，而四人愈也，则不可谓良医矣。'

则夫好攻伐之君又饰其说曰：'我非以金玉、子女、壤地为不足也，我欲以义名立于天下，以德求诸侯也。'

子墨子曰：'今若有以义名立于天下，以德求诸侯者，天下之服可立而待也。夫天下处攻伐久矣⁹²，譬若傅子之为马然⁹³。今若有能信效先利天下诸侯者⁹⁴，大国之不义也，则同忧之；大国之攻小国也，则同救之；小国城郭之不全也，必使修之；布粟之绝⁹⁵，则委之；币帛不足，则共之⁹⁶。以此效大国，则大国之君说⁹⁷，人劳我逸，则我甲兵强。宽以惠，缓易急，民必移⁹⁸。易攻伐以治我国，攻必倍⁹⁹。量我师举之费，以争诸侯之毙¹⁰⁰，则可得而序利焉¹⁰¹。督以正，义其名，必务宽吾众，信吾师，以此授诸侯之师¹⁰²，则天下无敌矣，其为下不可胜数也¹⁰³。此天下之利，而王公大人不知而用，则此可谓不知利天下之巨务矣¹⁰⁴。'

是故子墨子曰：「今且天下之王公大人士君子，中情将欲求兴天下之利，除天下之害，当若繁为攻伐[105]，此实天下之巨害也。今欲为仁义，求为上士，尚欲中圣王之道[106]，下欲中国家百姓之利，故当若非攻之为说，而将不可不察者此也。」

【注释】

① 誉善：王纯一云：「此文当作誉义。」
② 将：应当。其说将何哉：这种说法应当做什么解释呢？③ 意亡：还是。
④ 下愚之人：最愚蠢的人。
⑤ 天下之所同义者：天下之人共同认为符合「义」的。
⑥ 将犹多皆免攻伐并兼：马宗霍云：「此免字当通作勉。《说文·力部》云：『勉，彊也。』言今天诸侯多皆强相攻伐并兼也。」⑦ 命：呼。⑧ 知通智。
⑨ 必顺虑其义：王树相云：「『顺』当为『慎』，古顺字作慎。形近而误。」慎虑：慎重思考。⑩ 速通成
得其所欲：孙诒让云：「疑当作『远迩咸得其所欲』。」意即：远近都能得到自己希望的东西。⑪ 大国之说
指大国攻战之说。⑫ 焉：乃，于是。⑬ 以农：以农业生产。臣事：作为下臣侍奉。⑭ 参：立。⑮ 于此：在本国。为
准备。⑯ 艾刈：割掉。⑰ 堕：《左传》僖公三十二年，杜注云「堕，毁也」。⑱ 湮：堵塞。⑲ 牲牷：牲指牛、马、羊、
豕、犬、鸡六畜。牷指纯色牲口。这里「牲牷」泛指牲口。⑳ 燔：烧。溃：高亨云：「『溃』：毁也。」㉑ 劲杀：刺杀。
《史记·陈涉世家》，《索引》引《三苍》郭璞注云：「劲，刺也。」㉒ 重器：国家的宝重物。㉓ 柱乎斗：戴望云：
「『柱』乃『极』字误，草书『极』与『柱』相似。「乎」字衍。极，亟字之借。」此句为：「卒进而极斗。」㉔ 死命为上：
从命而战死的最好。㉕ 失列：失其行列，即「掉队」。北桡：败退。王念孙云：「桡，毕本作挠。云『北，
北之言背驰。挠之言曲行』。」㉖ 以谇其众：毕沅云：「《说文》《玉篇》无谇字。古字言心相近，即悼字。」悼，
惧也。㉗ 绪：《广雅·释诂》云：「绪，业也。」㉘ 意将：还是。㉙ 天之人：曹耀湘云：「人者天之所生，故曰天之人。」
北之言背驰。挠之言曲行』。」㉚ 剥振：王念孙云：「『振』当为『振』字之误也。」《说文》：「剥，裂也。」
有生皆系于天，故他国亦天之邑。

《广雅》：『剥，裂也。』剥振：剥裂，毁坏。㉛杀之人：应为『夫杀天之人』。㉜主：指鬼神的祭主。㉝博：俞樾云：『「博」，疑当作「薄」。言杀人以利人，其利亦薄也。』㉞此：李渔叔云：『与「赀」同，费赀为行军所费的赀财。』㉟周生之本：李渔叔云：『意思就是济生之本，指衣食之赀。』㊱相为：都认为、都当作。㊲分：孙诒让云：『「分」疑「奋」，声近，假借字。』㊳率不利和：率：嘉靖本『率』均作『卒』。李渔叔云：『似以作「卒不和」之义为长。』利：俞樾云：『「利」即「和」字之误而衍者』。删去。㊴害：孙诒让云：『「害」疑当作「围」，形近而误。』㊵孙：孙诒让云：『「孙」无义，疑当作「系」。』『系』与『缚』同。㊶敌生虑：王焕镳云：『疑本作「生敌虑」。』㊷偏：通遍。即普遍。此物：指上面提出的『不利者』。㊸易务：改变职业。㊹按王焕镳先生的意见，此句疑为：『今不尝观其好攻伐之说。』下句为『若使国中兴师。』㊺君子：即『贤良』。孙诒让认为『君子』下有脱字，疑为『君子数百』。庶人：即『庶子』，见《尚贤》上第三段注释。㊻徒：尹桐阳云：『徒，步兵。』㊼序疏：孙诒让云：『「序疏」二字义不可通，疑当为「厚馀」，皆形之误。厚馀，言多余也。』㊽散亡道路：疑『道路』后面脱『者』字。指散亡在道路上的人。㊾不继傺：俞樾云：『疑墨子原文本作「粮食不傺」，不傺，即不接也。』㊿饮食之时：应为饮食不时。(51)厕役：当为厮役。(52)殛：诛杀。(53)日妖宵出：太阳晚上出来，故曰日妖。(54)高阳乃命玄宫：此句疑为『天乃命禹于玄宫。』(55)四电诱祗：孙诒让云：『疑当为「雷电誖振」，「雷」坏字为「田」，又误为「四」。「誖」「诱」，「振」「祗」，形并相近』。「誖」「勃」，「振」「震」，字通。』勃震：突然震动。(56)此上二句，疑有脱误。王焕镳认为此二句原文本为：『若以谨持矢，扼有苗之将。』『瑾』为『谨』之形误。『侍』为『持』之形误。『扼矢』二字倒误，且『矢』应断为上句。『祥』为『将』之形误。(57)遂几：几，微，言不久即衰败。(58)磨：与『离』同。(59)卿制大极：孙诒让云：『疑当为「乡制四极」。』『乡』即『飨』之省。(60)牿命：孙诒让云：『「牿」，疑当为「酷」。

⑥1 鬼呼国：王念孙云："'呼'下当有'于'字，方合上下句法。"即'鬼呼于国'。⑥2 镳宫：古宫殿名。⑥3 夏德大乱……必使汝堪之：此四句孙诒让认为："文义与下文重复，疑校书者附记异同，遂与正文渚混。"当删去。⑥4 乡：通向，攻伐也。⑥5 使阴：疑为"阴使"。暴：通爆。⑥6 堪：《尔雅》云："堪，胜也。"⑥7 融：即"祝融"，古神话中的火神。隆：即"丰隆"，雷神。⑥8 有：苏时学云："'有'下脱'夏'字。"⑥9 属：会合。薄：地名，即"亳"，汤的都城。⑦0 序：俞樾云："'序'乃'享'字之误。"⑦1 兼夜中，十日雨土于薄：此句应为"兼夜中十日，雨土于薄。"⑦2 九鼎：传说为禹所铸。止，通址。⑦3 兄：王念孙云："'兄'与'况'同。况，益也。"⑦4 岐社：为"出"之形误。⑦5 泰颠：周文王大臣。⑦6 绿：通缘。缘图：符图，黄河中浮出符图，古代传说是一种应天命出天子的征兆。⑦7 乘黄：神马。⑦8 践功：践为缵的假借字，继也。继功：继承事业。⑦9 沉渍：沉溺。德：高亨云："'德'疑当作'食'。"⑧0 狂夫：指殷纣王。⑧1 反商之周：旧本或作"反商作周"，即推翻商建立周。⑧2 黄鸟，即皇鸟，凤凰之类。凤飞群鸟跟从，以此为旗，喻意为聚天下之众。⑧3 赉："赉"之假借字，赐予。⑧4 主：主祭。⑧5 维：通于。⑧6 楚熊丽：鬻熊子事文王，蚤卒，其子曰熊丽。讨：当为封。睢山：山名，在今湖北保康县西南。楚初都丹阳，即今秭归。⑧7 繁亏：即越王无余。⑧8 有遽：古地名，无考。⑧9 邦：建邦、建国。⑨0 唐叔：周朝晋国之祖。吕尚：即姜太公，齐国之祖。⑨1 四人愈：言只有四个诸侯国君医治好本国。⑨2 处：当作苦。⑨3 傅子：傅或当为孺，孺子，儿童。⑨4 效：孙诒让云："'读为'交'，同声假借字。"信交：以信义相邦交。⑨5 之绝：当是乏绝之误。⑨6 共：通供。⑨7 以此效大国，则小国之君说："以此效大国，则大国之君说；以此效小国，则小国之君说。"效：交。说：通悦。⑨8 移：犹归。⑨9 攻：为功之借字。安扶、安定之意。毙：困乏而倒，此作危困解。⑩0 争：旧本作诤。⑩1 序利：当为厚利之误。⑩2 授：孙诒让云："'授'字无义，疑当为'援'。"⑩3 其为下不可胜数也：当作"其为利天下，

不可胜数也」。⑩巨务：大事。⑩繁为攻伐：频繁地进行攻战。⑩尚：通上。

节用上

圣人为政一国，一国可倍也；大之为政天下，天下可倍也。其倍之非外取地也，因其国家，去其无用之费，足以倍之。

圣王为政，其发令兴事，使民用财也，无不加用而为者，是故用财不费，民德不劳，其兴利多矣。以为冬以圉寒，夏以圉暑。凡为衣裳之道，冬加温，夏加清②者，芊鲳不加者去之。其为宫室何？以为冬以圉风寒，夏以圉暑雨，有盗贼加固者，芊鲳不加者去之。其为甲盾五兵③何？以为以圉寇乱盗贼，若有寇乱盗贼，有甲盾五兵者胜，无者不胜。是故圣人作为甲盾五兵。凡为甲盾五兵加轻以利，坚而难折者，芊鲳不加者去之。其为舟车何？以为车以行陵陆，舟以行川谷，以通四方之利。凡为舟车之道，加轻以利者，芊鲳不加者去之。凡其为此物也，无加用而为者，是故用财不费，民德不劳，其兴利多矣。

有去大人之好聚珠玉、鸟兽、犬马，以益衣裳、宫室、甲盾、五兵、舟车之数于数倍乎！若则不难，故孰为难倍。唯人为难倍。然人有可倍也。昔者圣王为法曰：丈夫年二十，毋敢不处家④。女子年十五，毋敢不事人⑤。此圣王之法也。

圣王即没，于民次也，其欲蚤⑥处家者，有所二十年处家；其欲晚处家者，有所四十年处家。以其蚤与其晚相践，后圣王之法十年。若纯三年而字⑦，子生可以二三年矣。此不惟使民蚤处家，而可以倍与？且不然已。

今天下为政者，其所以寡人之道多，其使民劳，其籍⑧敛厚，民财不足，冻饿死者不可胜数也。且大人惟毋兴师以攻伐邻国，久者终年，速者数月，男女久不相见，此所以寡人之道也。与居处不安，饮食不时，作疾病死者，有与侵就㴋橐⑨，攻城野战死者，不可胜数。此不令为政者，所以寡人之道数术而起与？圣人为政特无此，不圣人为政，其所以众人之道亦数术而起与？故子墨子曰：去无用之费，圣王之道，天下之大利也。

节用中

子墨子言曰：古者明王圣人，所以王天下，正诸侯者，彼其爱民谨忠，利民谨厚，忠信相连，又示之以利，是以终身不餍⑩，殁世而不倦。古者明王圣人，其所以王天下正诸侯者，此也。是故古者圣王，制为节用之法曰：凡天下群百工，轮车、鞼鞄⑫、陶、冶、梓匠，使各从事其所能，曰：凡足以奉给民用，则止。诸加费不加于民利者，圣王弗为。

古者圣王制为饮食之法曰：足以充虚继气，强股肱，耳目聪明，则止。不极五味之调，芬香之和，不致远国珍怪异物。何以知其然？古者尧治天下，南抚交趾⑬，北降幽都⑭，东西至日所出入，莫不宾服。逮至其厚爱，黍稷不二，羹胾⑮不重，饮于土塯⑯，啜于土形⑰，斗以酌。俛仰⑱周旋威仪之礼，圣王弗为。

古者圣人为衣服之法曰：冬服绀⑲缅⑳之衣，轻且暖，夏服絺绤㉑之衣，轻且清，则止。诸加费不加于民利者，圣王弗为。古者圣人为猛禽狡兽，暴人害民，于是教民以兵行，日带剑，为刺则入，击则断，旁击而不折，此剑之利也。甲为衣则轻且利，动则兵且从，此甲之利也。车为服重致远，乘之则安，引之则利，安以不伤人，利以速至，此车之利也。古者圣王为大川广谷之不可济，于是利为舟楫，足以将之则上。虽上者三公诸侯至，舟楫不易，津人不饰，此舟之利也。

古者圣王制为节葬之法曰：衣三领㉒，足以朽肉，棺三寸，足以朽骸，堀穴㉓深不通于泉，流不发泄则止。死者既葬，生者毋久丧用哀。古者人之始生，未有宫室之时，因陵丘堀穴而处焉。圣王虑之，以为堀穴曰：冬可以辟风寒，逮夏，下润湿，上熏烝㉔，恐伤民之气，于是作为宫室而利。然则为宫室之法将奈何哉？子墨子言曰：其旁可以圉风寒，上可以圉雪霜雨露，其中蠲㉕洁，可以祭祀，宫墙足以为男女之别则止，诸加费不加民利者，圣王弗为。

[注释]

①圉：抵御，禁止。②清：凉。③五兵：指五种兵器，各家说法不一，有的说指戈、殳、戟、酋矛、夷矛。有的说指矛、戟、

诸子百家

第三章 墨家

弓、剑、戈。④处家：成立家庭。⑤事人：嫁人。⑥蚤：通『早』，指时间在先的，和『迟』相对。⑦字：怀孕，生小孩。⑧籍：古代各种捐税的统称。⑨橐：亦作『橐』，盛物的袋子。⑩屦：引申为止，终止。⑪韗：古代治皮制鼓的工匠，即韗人。⑫鞄：古代制革工。⑬交趾：亦作『交阯』。原为古地区名，泛指五岭以南。汉武帝时为所置十三刺史部之一，辖境相当于今广东、广西大部和越南的北部、中部。东汉末改为交州。越南于10世纪30年代独立建国后，宋亦称其国为交趾。⑭幽都：指北方。⑮羹胾：肉羹和大块肉。孙诒让《墨子间诂》：『《说文·肉部》云：「胾，大脔也。」……⑯土塯：盛饭的瓦器。孙诒让《墨子间诂》：『土塯乃饭器。』⑰土羹，大羹，胾羹也。』一说，胾，肉之细切者。⑱俛仰：亦作『俛卬』，低头抬头。⑲绀：天青色，深青透红的颜色。⑳缎：青赤色。㉑絺绤：葛布的统称。葛之细者曰絺，粗者曰绤。引申为葛服。㉒领：量词。形：亦作『土刑』，亦作『土型』，古代一种盛汤羹的瓦器。用于衣服和铠甲。㉓堀穴：洞穴。㉔熏烝：亦作『熏蒸』。气味升腾或散发。㉕蠲洁：亦作『蠲絜』，清洁。

天志上

子墨子言曰：『今天下之士君子，知小而不知大。何以知之？以其处家者知之。若处家得罪于家长，犹有邻家所避逃之①。然且亲戚兄弟所知识②，共相儆戒③，皆曰：「不可不戒矣！不可不慎矣！恶有处家而得罪于家长，而可为也！」非独处家者为然，虽处国亦然。处国得罪于国君，犹有邻国所避逃之，然且亲戚兄弟所知识，共相儆戒，皆曰：「不可不戒矣！不可不慎矣！谁亦有处国得罪于国君，而可为也！」此有所避逃之者也，相儆戒犹若此其厚，况无所避逃之者，相儆戒岂不愈厚，然后可哉？且语言有之曰④：「焉而晏日焉而得罪⑤，将恶避逃之？」曰无所避逃之。夫天不可为林谷幽门无人⑥，明必见之。然而天下之士君子之于天也，忽然不知以相儆戒⑦，此我所以知天下士君子知小而不知大也。然则天亦何欲何恶？天欲义而恶不义。然则率天下之百姓以从事于义，则我乃为天之所欲也。我为天之所欲，天亦为我所欲。然则我何欲何恶？我欲福禄而恶祸祟，若我不为天之所欲，而为天之所不欲，然则我率天下之百姓，以从事于祸祟中也⑨。然则何以知天之欲义而恶不义？曰天下有义则生，无义则死；有义则富，无义则贫；有义则治，无义则乱。然则天欲其生而恶其死，欲其富而恶其贫，欲其治而恶其乱，此我所以知天欲义而恶不义也。

曰且夫义者政也⑩。无从下之政上，必从上之政下。是故庶人竭力从事，未得次己而为政，有士政之⑫；士竭力从事，未得次己而为政，有将军大夫政之；将军大夫竭力从事，未得次己而为政，有三公诸侯政之；三公诸侯竭力听治，未得次己而为政，有天子政之；天子未得次己而为政，有天政之。天子为政于三公、诸侯、士、庶人⑬，天下之士君子固明知，天之为政于天子，天下百姓未得之明知也。故昔三代圣王禹汤文武，欲以天之为政于天子，明说天下之百姓，故莫不犓牛羊⑭，豢犬彘⑮，洁为粢盛酒醴⑯，以祭祀上帝鬼神，而求祈福于天。我未尝闻天下之所求祈福于天子者也⑰，我所以知天之为政于天子者也。

故天子者，天下之穷贵也，天下之穷富也⑱，故于富且贵者，当天意而不可不顺，顺天意者，兼相爱⑲，交相利，必得赏。反天意者，别相恶⑳，交相贼㉑，必得罚。然则是谁顺天意而得赏者？谁反天意而得罚者？』子墨子言曰：『昔三代圣王禹汤文武，此顺天意而得赏也。昔三代之暴王桀纣幽厉，此反天意而得罚者也。』然则禹汤文武其得赏何以也？子墨子言曰：『其事上尊天，中事鬼神㉒，下爱人，故天意曰：「此之我所爱，兼而爱之；我所利，兼而利之。爱人者此为博焉，利人者此为厚焉。」故使贵为天子，富有天下，业万世子孙㉓，传称其善㉔，方施天下㉕，至今称之，谓之圣王。

然则桀纣幽厉得其罚何以也？子墨子言曰：『其事上诟天，中诟鬼，下贼人，故天意曰：「此之我所爱，别而恶之，我所利，交而贼之。恶人者此为之博也㉖，贱人者此为之厚也㉗。」故使不得终其寿，不殁其世㉘，至今毁之，谓之暴王。

然则何以知天之爱天下之百姓？以其兼而明之⑪。何以知其兼而明之？以其兼而有之⑳。何以知其兼而有之？以其兼而食焉㉛。何以知其兼而食焉？四海之内，粒食之民，莫不犓牛羊，豢犬彘，洁为粢盛酒醴，以祭祀于上帝鬼神，天有邑人㉜，何用弗爱也㉝？且吾言杀一不辜者必有一不祥。杀不辜者谁也？则人也。予之不祥者谁也？则天也。若以天为不爱天下之百姓，则何故以人与人相杀，而天予之不祥？此我所以知天之爱天下之百姓也。"

顺天意者，义政也。反天意者，力政也㉞。然义政将奈何哉？子墨子言曰："处大国不攻小国，处大家不篡小家㉟，强者不劫弱，贵者不傲贱，多诈者不欺愚。此必上利于天，中利于鬼，下利于人，三利无所不利，故举天下美名加之，谓之圣王。力政者则与此异，言非此，行反此，犹倖驰也㊱。处大国攻小国，处大家篡小家，强者劫弱，贵者傲贱，多诈欺愚。此上不利于天，中不利于鬼，下不利于人。三不利无所利，故举天下恶名加之，谓之暴王。"

子墨子言曰："我有天志，譬若轮人之有规㊲，匠人之有矩，轮匠执其规矩，以度天下之方圆㊳，曰：'中者是也㊴，不中者非也。'今天下之士君子之书，不可胜载，言语不可尽计，上说诸侯，下说列士，其于仁义，则大相远也。何以知之？曰：我得天下之明法以度之㊵。"

【注释】

①所⋯⋯犹可。②亲戚：指父母。所知识：认识的人。③傲：通警。④语言有之：俗话说。⑤晏日：光天化日。晏：清明。焉而：孙诒让注："《上焉与于同义，焉而，犹言于而。》"后一个"焉而"为句中语气词。⑥门：孙诒让注："当作'间'。"幽间：僻静幽深之处。⑦忽然：疏忽的样子。⑧崇：鬼神降祸于人叫作祟。⑨从事于祸祟中：指从事陷身灾祸的事情。⑩政：政与正同。⑪次：同恣。恣：随心所欲。次己：就是任意、擅自作之。⑫匡正他。⑬此句"三公诸侯"后脱落"将军大夫"四字。⑭莫：没有谁。犓：同刍，用草料喂养牲畜。⑮豢：用谷米喂养牲畜。彘：猪。⑯粢盛酒醴：祭神的谷物美酒。⑰天下：下字衍。⑱于富且贵：于，为欲字之误。⑲兼相爱：

既爱自己也爱别人。⑳别…别、区别，此指把人家与自己区别开。相恶…厌恶别人。㉑贼…伤害，危害。㉒事…

㉓业万世子孙…创下基业给万代子孙。㉔传…传颂。又一解为经传，指历史记载。㉕方施…即旁施。施…传播。

㉖恶人者…厌恶人。㉗贼，孙诒让云：『贼，亦「贼」之误。』㉘不殁其世…指不能终身。㉙兼而明之…对人全部了解。

㉚兼而有之…全都为天所有。㉛兼而食焉…供给人类食物。焉：于之，之，指人类。㉜邑人…犹言下民，百姓。㉝何用…

即为何。㉞力政…暴力统治。㉟家…古代诸侯的封地叫国，大夫的封地叫家，以后国家合称。㊱偝驰…即背驰。背…

背道而驰。㊲轮人…制车轮的工人。㊳圜…同圆。㊴中者是也…符合的就是对的。㊵天下之明法…指天志。

天志中

子墨子言曰：『今天下之君子之欲为仁义者，则不可不察义之所从出。』既曰不可以不察义之所欲出，然则义

何从出？子墨子曰：『义不从愚且贱者出，必自贵且知者出。何以知义之不从愚且贱者出，而必自贵且知者出？

曰：义者，善政也。何以知义之为善政也？曰：天下有义则治，无义则乱，是以知义之为善政也。夫愚且贱者，不

得为政乎贵且知者，然后得为政乎愚且贱者。此吾所以知义之不从愚且贱者出，而必自贵且知者出也。然则孰为贵？

孰为知？曰：天为贵，天为知而已矣。然则义果自天出矣。』

今天下之人曰：『当若天子之贵诸侯①，诸侯之贵大夫，偏明知之②。然吾未知天之贵且知于天子也。』子墨子曰：

『吾所以知天之贵且知于天子者有矣。③曰：天子为善，天能赏之；天子为暴，天能罚之；天子有疾病祸祟，必斋戒

沐浴，洁为酒醴粢盛，以祭祀天鬼，则天能除去之，然吾未知天之祈福于天子也。此吾所以知天之贵且知于天子者。

不止此而已矣，又以先王之书《驯天明不解》之道也知之④。曰：「明哲维天，临君下土⑤。」』则此语天之贵且知于

天子。不知亦有贵知夫天者乎？曰：天为贵，天为知而已矣。然则义果自天出矣。』

是故子墨子曰：『今天下之君子，中实将欲遵道利民⑥，本察仁义之本⑦，天之意不可不慎也。』既以天之意以为不可不慎已⑧，然则天之将何欲何憎？子墨子曰：『天之意不欲大国之攻小国也，大家之乱小家也⑨，强之暴寡，诈之谋愚，贵之傲贱，此天之所不欲也。不止此而已，欲人之有力相营⑩，有道相教⑪，有财相分也。又欲上之强听治⑫，下之强从事也。上强听治，则国家治矣；下强从事，则财用足矣。若国家治财用足，则内有以洁为酒醴粢盛，以祭祀天鬼；外有以为环璧珠玉，以聘挠四邻⑬，诸侯之冤不兴矣⑭，边境兵甲不作矣。内有以食饥息劳⑮，持养其万民，则君臣上下惠忠⑰，父子弟兄慈孝。故唯毋明乎顺天之意⑱，奉而光施之天下⑲，则刑政治，万民和，国家富，财用足，百姓皆得暖衣饱食，便宁无忧⑳。』是故子墨子曰：『今天下之君子，中实将欲遵道利民，本察仁义之本，天之意不可不慎也。』

且夫天子之有天下也，辟之无以异乎国君诸侯之有四境之内也㉑。今国君诸侯之有四境之内也，夫岂欲其臣国万民之相为不利哉㉒？今若处大国则攻小国，处大家则乱小家，欲以此求赏誉，终不可得，诛罚必至矣㉓。夫天之有天下也，将无已异此㉔。今若处大国则攻小国，处大都则伐小都㉕，欲以此求福禄于天，福禄终不得，而祸祟必至矣。故古者圣王明知天鬼之所福㉖，而辟天鬼之所憎㉗，以求兴天下之利，而除天下之害。是以天之为寒热也节，四时调，阴阳雨露也时，五谷执㉘，六畜遂㉙，疾菑戾疫凶饥则不至㉚。』是故子墨子曰：『今天下之君子，中实将欲遵道利民，本察仁义之本，天意不可不慎也。』

且夫天下盖有不仁不祥者，曰当若子之不事父㉛，弟之不事兄，臣之不事君也。故天下之君子，与谓之不祥者㉜。今夫天兼天下而爱之，撽遂万物以利之㉝，若豪之末㉞，非天之所为也㉟，而民得而利之，则可谓否矣㊱。然独无报夫天，而不知其为不仁不祥也。此吾所谓君子明细而不明大也。

诸子百家

第三章 墨家

三九六

且吾所以知天之爱民之厚者有矣，曰：以磨为日月星辰，以昭道之㊳，制为四时春秋冬夏，以纪纲之㊴，雷降雪霜雨露㊵，以长遂五谷麻丝㊶，使民得而财利之'，列为山川溪谷㊷，播赋百事㊸，以临司民之善否㊹，为王公侯伯，使之赏贤而罚暴；贼金木鸟兽㊺，从事乎五谷麻丝，以为民衣食之财。自古及今，未尝不有此也。今有人于此，骦若爱其子㊻，竭力单务以利之㊼，其子长，而无报子求父㊽，故天下之君子与谓之不仁不祥。今夫天兼天下而爱之，撽遂万物以利之，若豪之末，非天之所为，而民得而利之，则可谓否矣，然独无报夫天，而不知其为不仁不祥。此吾所谓君子明细而不明大也。

且吾所以知天爱民之厚者，不止此而足矣㊾。曰杀不辜者，天予不祥，不辜者谁也？曰人也。予之不祥者谁也？曰天也。若天不爱民之厚，夫胡说人杀不辜，而天予之不祥哉？此吾之所以知天之爱民之厚也。

且吾所以知天爱民之厚者，不止此而已矣。曰爱人利人，顺天之意，得天之赏者有之；憎人贼人，反天之意，得天之罚者亦有矣。夫爱人利人，顺天之意，得天之赏者谁也？曰若昔三代圣王，尧舜禹汤文武者是也。尧舜禹汤文武焉所从事？曰从事兼，不从事别。兼者，处大国不攻小国，处大家不乱小家，强不劫弱，众不暴寡，诈不谋愚，贵不傲贱。观其事，上利乎天，中利乎鬼，下利乎人。三利无所不利，是谓天德㊿。聚敛天下之美名而加之焉，曰：此仁也，义也，爱人利人，顺天之意，得天之赏者也。不止此而已，书于竹帛，镂之金石，琢之槃盂㈤¹，传遗后世子孙。曰将何以为㈤²？将以识夫爱人利人，顺天之意，得天之赏者也。《皇矣》道之曰㈤³：「帝谓文王，予怀明德㈤⁴，不大声以色㈤⁵，不长夏以革㈤⁶，不识不知，顺帝之则。」帝善其顺法则也，故举殷以赏之，使贵为天子，富有天下，名誉至今不息。

故夫爱人利人，顺天之意，得天之赏者，既可得留而已㈤⁷。夫憎人贼人，反天之意，得天之罚者谁也？曰若昔者三代暴王桀纣幽厉者是也。桀纣幽厉焉所从事？曰从事别，不从事兼。别者，处大国则攻小国，处大家则乱小家，强劫弱，众暴寡，诈谋愚，贵傲贱。观其事，上不利乎天，中不利乎鬼，下不利乎人，三不利无所利，是谓天贼㈤⁸。聚敛天下之丑名而加之焉，曰此非仁也，非义也，憎人贼人，反天之意，得天之罚者也。不止此而已，又书其事于竹帛，镂之金石，琢之槃盂，传遗后世子孙。曰将何以为？将以识夫憎人贼人，反天之意，得天之罚者也。《大誓》之道之曰⁵⁹："纣越厥夷居⁶⁰，不肯事上帝⁶¹，弃厥先神祇不祀⁶²，乃曰吾有命，无廖僇务⁶³，天下⁶⁴，天亦纵弃纣而不葆⁶⁵。"察天以纵弃纣而不葆者，反天之意也。故天憎人贼人，反天之意，得天之罚者，既可得而知也。

是故子墨子之有天之⁶⁶，辟人无以异乎轮人之有规⁶⁷，匠人之有矩也。今夫轮人操其规，将以量度天下之圜与不圜也⁶⁸。曰："中吾规者谓之圜，不中吾规者谓之不圜。"是以圜与不圜，皆可得而知也。此其故何？则圜法明也⁶⁹。匠人亦操其矩，将以量度天下之方与不方也。曰："中吾矩者谓之方，不中吾矩者谓之不方。"是以方与不方，皆可得而知之。此其故何？则方法明也。故子墨子之有天之意也，上将以度天下之王公大人为刑政也，下将以量天下之万民为文学⁷⁰、出言谈也⁷¹。观其行，顺天之意，谓之善意行；反天之意，谓之不善意行。观其言谈，顺天之意，谓之善言谈；反天之意，谓之不善言谈。观其刑政，顺天之意，谓之善刑政；反天之意，谓之不善刑政。故置此以为法，立此以为仪，将以量度天下之王公大人卿大夫之仁与不仁，譬之犹分黑白也。是故子墨子曰："今天下之王公大人士君子，中实将欲遵道利民，本察仁义之本，天之意不可不顺也。顺天之意者，义之法也。"

【注释】

①当若：当即。　②宧：当为碻。　③有矣：有道理。　④驯：同训。训天明不解之道：是说训释天的高明而难穷的道理。　⑤曰：指先王之书中说。明哲维天，临君下土：明哲的是天，将它的光明照临天下。　⑥遵道：指遵循圣王的道理。　⑦本察：从根本上考察。　⑧既以：既然。　⑨强之暴寡：强者对弱者使用暴力。　⑩有力相营：有力量的相互帮助。营：助。　⑪有道相教：持理者教导别人。　⑫强：努力、勤奋。　⑫聘挠：结交。　⑰冤：通怨。　⑮食饥息

劳：使饥者得食，使劳者得休。⑯持养：保养。⑰惠忠：惠，指国君对下施恩。忠，指臣子对上忠诚。⑱唯毋：语助词。⑲光：通广。⑳便宁：安宁。㉑辟：同譬。辟之：譬如。㉒臣国万民：指臣民。㉓诛罚：惩罚。㉔无已异：即无以异。已，通以。㉕都：城邑，此指卿大夫之封邑。㉖所福：所要赐福的。㉗辟：通避。㉘孰：同熟。㉙遂：顺利生长。㉚蓄：即灾字。戾疫：瘟疫。㉛曰：表示下边举出理由。㉜与：同举，都。㉝撽：持。遂：成。撽遂万物：育成万物。㉞豪之末：秋天鸟身上长的绒毛的末端，称毫毛。豪，通毫。㉟此句苏时学注云：「非」上当有「莫」字，下同。㊱否：乃后字误。㊲曰：就是说。㊳道：引导、指示。㊴纪纲：常规、法度。㊵雷：古陨字的误写。㊶长遂：长成。㊷列：分。㊸播：布。赋：同敷。㊹临：察视。㊺司：通治。否：不好。㊻贼：孙诒让注：「当为赋，形近而误。」赋：赋敛。㊼若：形容词词尾，「……的样子」。㊽此句当为『其子长而无报乎父。」㊾足：已字之误。㊿天德：得天之德。㊀槃：通盘。㊁何以为：有什么用。㊂《皇矣》：《诗经·大雅》篇名。㊃明德：指明德之人。此指文王。㊄不大声以色：说话不虚张声色。㊅不长夏以革：诸夏指华夏民族，与夷狄对称。㊆既可得留而已：根据下段同一句型，此处应作「既可得而知也。」意思是：得到的结果可想而知了。㊇天之祸害：天即太。㊈《大誓》：《尚书》中的篇名。大即太。太誓，发语词，无实义。夷居：意即纣实行夷虐暴政。㊉越厥：其。祇：地神。㊊事：侍奉。㊋厥：其。㊌句意为纣不努力事神，也不警戒自己的过失，即不悔改。夷：消灭。居：疑为虐之误。㊍天下：疑此二字为衍文。㊎纵弃：放弃，遗弃。葆：保。㊏有：认为。㊐天之：即天志。㊑辟：同譬。规：圆规。㊒圆：同圆，下同。㊓圆法明：圆的标准明确。法：法则，标准。㊔为文学：作文。㊕出言谈：发表言论。

天志下

子墨子言曰：『天下之所以乱者，其说将何哉①？则是天下士君子，皆明于小而不明于大。何以知其明于小不明于大也？以其不明于天之意也。何以知其不明于天之意也？以处人之家者知之②。今人处若家得罪，将犹有异家所以避逃之者④，然且父以戒子，兄以戒弟，曰："戒之慎之！处人之家，不戒不慎之，而有处人之国者乎⑤？"今人处若国得罪，将犹有异国所以避逃之者矣，然且父以戒子，兄以戒弟，曰："戒之慎之！处人之国者，不可不戒慎也！"今人皆处天下而事天，得罪于天，将无所以避逃之者矣。然而莫知以相极戒也⑥，吾以此知大物则不知者也⑦。

是故子墨子言曰："戒之慎之，必为天之所欲，而去天之所恶。曰天之所欲者何也？所恶者何也？天欲义而恶其不义者也。何以知其然也？曰义者正也⑧。何以知义之为正也？天下有义则治，无义则乱，我以此知义之为正也。"

然而正者，无自下正上者，必自上正下。是故庶人不得次己而为正，有士正之；士不得次己而为正，有大夫正之；大夫不得次己而为正，有诸侯正之；诸侯不得次己而为正，有三公正之；三公不得次己而为正，有天子正之；天子不得次己而为政，有天正之。今天下之士君子，皆明于天子之正天下也，而不明于天之正天子也。是故古者圣人，明以此说人曰⑪："天子有善，天能赏之；天子有过，天能罚之。"天子赏罚不当，听狱不中⑫，天下疾病祸福⑬霜露不时⑭，天子必且犓豢其牛羊犬彘，絜为粢盛酒醴⑮，以祷祠祈福于天⑯。我未尝闻天之祷祈福于天子也。吾以此知天之重且贵于天子也⑰。是故义者不自愚且贱者出，必自贵且知者出⑱。曰谁为知？天为知。然则义果自天出也。

今天下之士君子欲为义者，则不可不顺天之意矣。

曰顺天之意何若⑲？曰兼爱天下之人。何以知兼爱天下之人也？以兼而食之也⑳。何以知其兼而食之也？自古及今，无有远灵孤夷之国㉑，皆犓豢其牛羊犬彘，絜为粢盛酒醴，以敬祭祀上帝山川鬼神，以此知兼而食之也。苟兼而食焉，必兼而爱之。譬之若楚、越之君，今是楚王食于楚之四境之内㉒，故爱楚之人；越王食于越，故爱越之人。今天兼天下而食焉㉓，我以此知其兼爱天下之人也。

且天之爱百姓也，不尽物而止矣⑪。今天下之国，粒食之民，杀一不辜者，必有一不祥。曰谁杀不辜？曰人也。孰予之不祥？曰天也。若天之中实不爱此民也，何故而人有杀不辜，而天予之不祥哉？且天之爱百姓厚矣，天之爱百姓别矣㉖，既可得而知也。

何以知天之爱百姓也？吾以贤者之必赏善罚暴也。何以知贤者之必赏善罚暴也？吾以昔者三代之圣王知之。故昔也三代之圣王尧舜禹汤文武之兼爱之天下也，从而利之，移其百姓之意焉㉗，率以敬上帝山川鬼神。天以为从其所爱而爱之㉘，从其所利而利之，于是加其赏焉，使之处上位，立为天子以法也㉙，名之曰「圣人」，以此知其赏善之证。

是故昔也三代之暴王桀纣幽厉之兼恶天下也，从而贼之㉚，移其百姓之意焉㉛，率以诟侮上帝山川鬼神。天以为不从其所爱而恶之，不从其所利而贼之，于是加其罚焉，使之父子离散，国家灭亡，抎失社稷㉜，忧以及其身㉝。是以天下之庶民属而毁之，业万世子孙继嗣，毁之贲不之废也㉞，名之曰「失王」㉟，以此知其罚暴之证。今天下之士君子，欲为义者，则不可不顺天之意矣。

曰顺天之意者㊱，兼也；反天之意者，别也。兼之为道也，义正㊲；别之为道也，力正㊳。曰义正者何若？曰大不攻小也，强不侮弱也，众不贼寡也，诈不欺愚也，贵不傲贱也，富不骄贫也，壮不夺老也。是以天下之庶国㊴，莫以水火毒药兵刃以相害也。若事㊵上利天，中利鬼，下利人，三利而无所不利，是谓天德。故凡从事此者，圣知也，仁义也，忠惠也，慈孝也，是故聚敛天下之善名而加之。是其故何也㊶？则顺天之意也。曰力正者何若？曰大则攻小也，强则侮弱也，众则贼寡也，诈则欺愚也，贵则傲贱也，富则骄贫也，壮则夺老也。是以天下之庶国，方以水火毒药兵刃以相害也。若事上不利天，中不利鬼，下不利人，三不利而无所利，是谓之贼㊷。故凡从事此者，寇乱也㊸，盗贼也，不仁不义，不忠不惠，不慈不孝，是故聚敛天下之恶名而加之。是其故何也？则反天之意也。」

故子墨子置立天之⁽⁴⁴⁾，以为仪法，若轮人之有规，匠人之有矩也。今轮人以规，匠人以矩，以此知方圆之别矣。是故子墨子置立天之，以为仪法。吾以此知天下之士君子之去义远也。何以知天下之士君子之去义远也？今知氏大国之君宽者然曰⁽⁴⁵⁾：『吾处大国而不攻小国，吾何以为大哉？』是以差论蚤牙之士⁽⁴⁶⁾，比列其舟车之卒，以攻罚无罪之国⁽⁴⁷⁾，人其沟境⁽⁴⁸⁾，刈其禾稼⁽⁴⁹⁾，斩其树木，残其城郭，以御其沟池⁽⁵⁰⁾，焚烧其祖庙，攘杀其牺牲⁽⁵¹⁾。民之格者⁽⁵²⁾，则劲拔之⁽⁵³⁾，不格者，则系操而归⁽⁵⁴⁾，丈夫以为仆圉胥靡⁽⁵⁵⁾，妇人以为舂酋⁽⁵⁶⁾。则夫好攻伐之君，不知此为不仁义，以告四邻诸侯曰：『吾攻国覆军，杀将若干人矣。』其邻国之君亦不知此为不仁义也，有具其皮币⁽⁵⁷⁾，发其綍处⁽⁵⁸⁾，使人飨贺焉⁽⁵⁹⁾。则夫好攻伐之君，有重不知此为不仁义也，有书之竹帛，藏之府库。为人后子者⁽⁶⁰⁾，必且欲顺其先君之行，曰：『何不当发吾府库⁽⁶¹⁾，视吾先君之法美⁽⁶²⁾。』必不曰文、武之为正者若此矣，曰吾攻国覆军杀将若干人矣。则夫好攻伐之君，不知此为不仁不义也，其邻国之君，不知此为不仁不义也。是以攻伐世世而不已者，此吾所谓大物则不知也。

所谓小物则知之者何若？今有人于此，入人之场园，取人之桃李瓜姜者，上得且罚之⁽⁶³⁾，众闻则非之，是何也？曰不与其劳，获其实，已非其有所取之故⁽⁶⁵⁾。而况有踰于人之墙垣⁽⁶⁶⁾，担格人之子女者⁽⁶⁷⁾？与角人之府库⁽⁶⁸⁾，窃人之金玉蚤曩者⁽⁶⁹⁾？与踰人之栏牢⁽⁷⁰⁾，窃人之牛马者乎？而况有杀一不辜人乎⁽⁷¹⁾？今王公大人之为政也，自杀一不辜人者，踰人之墙垣，担格人之子女者，与角人之府库，窃人之金玉蚤曩者，与踰人之栏牢，窃人之牛马者，与入人之场园，窃人之桃李瓜姜者，今王公大人之加罚此也，虽古之尧舜禹汤文武之为政，亦无以异此矣。

窃人之桃李瓜姜者，

窃人之金玉蚤曩者，数千万矣，逾人之栏牢，窃人之牛马者，数千万矣，杀一不辜人者，数千万矣，

今天下之诸侯，将犹皆侵凌攻伐兼并⁽⁷²⁾，此为杀一不辜人者⁽⁷³⁾，逾人之墙垣，格人之子女者，而自曰义也。

故子墨子言曰：『是蕡我者⁽⁷⁴⁾，则岂有以异是蕡黑白甘苦之辩者哉⁽⁷⁵⁾！今有人于此，少而示之黑，谓之黑，多示之黑谓曰⁽⁷⁶⁾，

必曰吾目乱，不知黑白之别。今有人于此，能少尝之甘谓甘，多尝谓苦，必曰吾口乱⑦⑧，不知其甘苦之味。今王公大人之政也⑦⑨，或杀人，其国家禁之，此蚤越有能多杀其邻国之人，因以为文义⑧⓪，此岂有异贲白黑、甘苦之别者哉？

故子墨子置天之以为仪法。非独子墨子以天之志为法也，于先王之书《大夏》之道之然⑧②：『帝谓文王，予怀明德，毋大声以色，毋长夏以革⑧③，不识不知，顺帝之则。』此诰文王之以天志为法也⑧④，而顺帝之则也。且今天下之士君子，中实将欲为仁义，求为上士，上欲中圣王之道，下欲中国家百姓之利者，当天之志，而不可不察也⑧⑤。天之志者，义之经也⑧⑥。

【注释】

①此句应为『以人之处家者知之』。②处若家得罪：此句应为『若处家得罪』。③异家：别家。④有：可。⑤处若国得罪：应为『若处国得罪』。⑥极戒：警戒。⑦大物：大事。⑧正：正道。⑨正：匡王，使合于正道。⑩次：同恣，随便。恣己：放纵自己。⑪明：明白地。⑫听狱：断狱，审理和判决罪案。狱：案件。⑬祸福：王念孙注：『福』字义不可通，『祸福』应为『祸祟』。⑭不时：不适时。⑮絜：同洁。⑯祠：祠庙。⑰重且贵：当作贵且知。⑱知：通智。⑲何若：如何，怎么样。⑳兼：同样。食之：吃他们的东西，受他们供养。㉑无有：所有。㉒今是：同今夫，夫。㉓兼天下：包容天下之人。㉔物：当为此。尽：通仅。㉕不辜：当作不祥。㉖别：同遍，遍爱。㉗此句是引导百姓相爱相利。㉘从其：跟着天。从其所爱而爱之：跟着天爱天所爱的人。㉙以法：戴望注：当作以为仪法。㉚从而贼之：接着又危害人民。㉛移其百姓之意：此句指引导百姓相恶相贼。㉜拚通『陨』：坠落，失掉。㉝忧：忧患。㉞业万世子孙继嗣，毁之贲不之废：此句意思是到了万世子孙以后，诋毁他们都不能停止。㉟失王：失字误。上篇皆暴王。㊱曰：发语词，无实义。㊲义正：以父为政，即以义服人的政治。正：同政。㊳力正：暴政。㊴庶国：众国，各国。

㊵若：犹其。事：作动词，做事。㊶故何：何故。㊷之贼：当作天贼。㊸天之：即天志。㊹寇乱：指叛乱。㊺今知氏：知字衍文。氏：当读为是。今是，即今夫也。宽者然：志满意得的样子。者：衍文。㊻差论：两字皆择之意。句中为派遣之意。蚤牙：即爪牙，指得力助手。蚤：通爪。㊼罚：当作伐。㊽沟境：指国境。㊾刈：割。㊿御：王引之注：「御」字义不可通，「御」当为「抑」，抑之言堙也。」堙：塞。○51攘杀：屠杀。○52格：斗。此指反抗。○53劲拔：孙诒让注：「劲拔」疑「到杀」之误。《非攻》下篇云「劲杀其万民」。到：杀头。○54系操：王引之注：「操」当为「累」，即孟子所谓「系累其子弟也」。○55丈夫：男子。围：养马的奴仆。胥靡：服劳役的刑徒。○56春酉：毕沅注：「酉」与「舀」声形相近。」孙诒让案：《周官·春人》有「女春抌二人。」郑云注：「女春抌，女奴能春与抌者。抌，抒臼也。」《说文》「舀」或作「抌」。以此春酉连文，则「酉」即「抌」之假字可知。」抌：舀也，从石臼中取出舂好的谷物。○57有：通又，下同。皮市：指礼物。古代以皮革、丝帛、珪玉等物为货币或礼品。○58发：打开。絻：即今总字。总：聚。总处：聚藏财物之处。○59飨：用酒肉给人享用。○60后子：继承君位的后代子孙。○61当：同尝，试着。○62法美：法仪。美：孙诒让注：「为「仪」字之误。」○63必不曰：必定不会记载。○64上：指在上位的。○65已：同以，把。○66踰：越过。踰，同逾。○67担格：抓住。担《广雅·释名》「担，叉也，五指俱往叉取。」格：拘执。○68与：连接前后句，相当于又，下同。角：俞担注：「乃「穴」字之误。」穴：作动词，打洞。○69蚤㥯：王引之注：「蚤㥯」当为布巢，……巢，盖缥之借字，布缥，即布帛。」缥，同缦。○70栏牢：关养牲畜的圈。○71有：通又。○72将犹皆：都将在。○73此为：此于。○74黄：顾千里注：「黄，读若治丝而棼之棼，「棼亦与纷同。」纷，乱的意思。下同。○75岂有以异：难道有什么差别。辩：通辨。○76谓白：说成白。○77尝之甘：给他尝甘的。甘，味美。○78口乱：口味不好。○79政：治理国家。○80此蚤越：本作「以斧钺」。斧钺：古代的武器。○81文：王引之注：「当为「大」字之误。」○82大夏：即大雅。

下边所引诗出自《诗经·大雅·皇矣》。道之然……说的也是这样。⑧毋长夏以革……意即不只尊重诸夏而变更法度。⑧语……当为语。⑧当……对。⑧经……法则。义之经……义以天志为准则。

备 水

城内堑外周道①,广八步,备水谨度四旁高下②。城地中偏下③,令耳其内④,及下地⑤,地深穿之令漏泉⑥。置则瓦井中⑦,视外水深丈以上,凿城内水耳⑧。

并船以为十临⑨,临三十人⑩,人擅弩计四有方⑪,必善以船为轒辒⑫。二十船为一队,选材士有力者三十人共船,其二十人人擅有方⑬,剑甲鞮瞀⑭,十人人擅苗⑮。先养材士为异舍⑯,食亓父母妻子以为质⑰,视水可决,以临轒辒,决外堤,城上为射轪疾佐之⑱。

【注释】

①堑：壕沟。②谨度：详细了解。③偏：同偏。④耳：孙诒让注：「『耳』疑当为「巨」，篆文相近，即「渠」之省。」渠：水渠。⑤及下地：到最低处。⑥漏泉：泄漏。⑦则瓦：测水之瓦。则，通测。城外水高，城内的井水必随之而高，在井墙上置瓦为表记，可测知水的涨退。⑧水耳：水渠。⑨并船：合并两船为一临。⑩临三十人：每临两船共三十人。⑪擅：持。计四：岑仲勉云：「『计四』即『什四』。」什四，即十四。⑫轒辒：冲裂城墙的车叫轒辒车，用来冲决堤防的船也可叫轒辒船。⑬二十人……据孙诒让注，「二十人」为「十二人」之误。有方：有字衍文。⑭剑甲：指铠甲。鞮瞀：《说文》「鞮，革履也。」瞀，通鍪。鞮鍪，即兜鍪，戴在头上的盔，也称胄。⑮十人人……孙诒让认为：「疑当作十八人。」擅苗：持矛。苗，通矛，古代一种武器。⑯材士：能干之士。⑰食……供给食物。质：人质，抵押。⑱射轪……孙诒让云：「窃当为「射机」。」疾：急。

第四章 法家

法家概述

法家是战国时期的重要学派之一。它的代表人物有韩非子、商鞅等。主要作品有《韩非子》《商君书》《慎子》等等。因其主张"不别亲疏，不殊贵贱，一断于法"，所以称为"法家"。法家主张"依法治国"，并且提出了整体的理论和方法。法家在经济上主张废除井田制，奖励耕战；在政治上主张废分封，设置郡县，以严明的法律制度进行统治；在思想和教育上，主张以法为教，以吏为师。法家思想为后来建立的中央集权制的秦朝提供了理论根据和行动方略。在法家思想的发展中，管仲、子产是先驱；李悝、商鞅、申不害、慎到等开创了法家学派；到战国末期，韩非子综合商鞅、申不害和慎到的理论主张，成为法家思想学说的集大成者。

《慎子》

【导读】

《慎子》，法家著作，战国时期慎到著。慎到（约公元前390—约前315年），赵国人，原来学习道家思想，是从道家中分出来的法家代表人物。慎到主张法治，认为"民一于君，断于法，是国之大道也"，"治国无其法则乱"；并强调势治，认为"贤智未足以服众，而势位足以诎贤者"（《韩非子·难势》），君主"抱法处势"，就能"令行禁止"，"南面而王""无为而治天下"。其著作大部分已经散失，学说散见于诸子所述及尚存诸篇中，大抵以齐万物为首，循自然而立法，法之行有赖于统治者的威势，有威势才能令行禁止而达于治，其重势之说为韩非所吸收继承。

《汉书·艺文志》法家类著录《慎子》四十二篇。晋代滕辅为之作注，《隋书》和新、旧《唐书》均著录十卷，宋代《崇

诸子百家

第四章 法家

《文总目》作三十七篇，后散失，今仅残存《威德》《因循》《民杂》《德立》《君人》五篇。本文选取《威德》、《民杂》两篇，其中《威德》旨在倡导君道无为和臣道有为，国君能任贤使能，臣民能各施其力，君臣齐心协力，国家才能得到治理。《民杂》篇论述了君民的义务以及君使下的方法。首先作者认为君主不要参与政事，而依赖臣属处理政务。其次作者认为君主应有宽大包容心，不择其下，因个人之才能而用之。人君任用臣属而不躬亲于事，则臣皆能为事，这样可以使君臣和顺。该篇不拘一格取人才的思想以及上下职权分属的论述是非常有价值的，至今仍有借鉴意义。

威德

天有明，不忧人之暗也；地有财，不忧人之贫也；圣人有德，不忧人之危也。天虽不忧人之暗，辟户牖必取己明焉①；地虽不忧人之贫，伐木刈草必取己富焉②；圣人虽不忧人之危，百姓准上而比于下，其必取之也。故圣人处上，能无害人，不能使人无己害也，则百姓除其害矣。圣人之有天下也，受之也，非取之也。百姓之于圣人也，养之也，非使圣人养己也，则圣人无事矣。毛嫱、西施③，天下之至姣也④。衣之以皮倛⑤，则见者皆走；易之以元緆⑥，则行者皆止。由是观之，则元緆色之助也，姣者辞之，则色厌矣⑦。走背跋躃穷谷野走十里⑧，药也，走背辞药则足废。故腾蛇游雾，飞龙乘云，云罢雾霁⑨，与蚯蚓同，则失其所乘也。故贤而屈于不肖者，权轻也；不肖而服于贤者，位尊也。尧为匹夫，不能使其邻家。至南面而王，则令行禁止。由此观之，贤不足以服不肖，而势位足以屈贤矣。故无名而断者，权重也；弩弱而矰高者⑩，乘于风也；身不肖而令行者，得助于众也。故举重越高者，不慢于药；爱赤子者，不慢于保；绝险历远者，不慢于御。此得助则成，释助则废矣。

夫三王五伯之德⑪，参于天地，通于鬼神，周于生物者，其得助博也。古者工不兼事，士不兼官。工不兼事则事省，事省则易胜；士不兼官则职寡，职寡则易守。故士位可世，工事可常。百工之子，不学而能者，非生巧也，言有常事也。今也国无常道，官无常法，是以国家日缪⑫。教虽成，官不足。官不足则道理匮，道理匮则慕贤智，慕贤智则国家之政要在一人之心矣。古者立天子而贵之者，非以利一人也。曰：天下无贵，则理无由通，通理以为天下也。故立天子以为天下，非立天下以为天子也；立国君以为国，非立国以为君也；立官长以为官，非立官以为长也。法虽不善，犹愈于无法，所以一人心也。

夫投钩以分财，投策以分马，非钩策为均也。使得美者，不知所以德；使得恶者，不知所以怨，此所以塞怨望也。故著龟⑬，所以立公识也；权衡，所以立公正也；书契，所以立公信也；度量，所以立公审也；法制礼籍，所以立公义也。凡立公，所以弃私也。明君动事分功必由慧，定赏分财必由法，行德制中必由礼。故欲不得干时，爱不得犯法，贵不得逾亲，禄不得逾位，士不得兼官，工不得兼事。以能受事，以事受利。若是者，上无羡赏⑭，下无羡财。

【注释】

①牖：窗户。②刈：割草或谷类作物。③毛嫱：古美女名。西施：春秋末年越国人，越王勾践献给吴王夫差的美女，成为夫差最宠爱的妃子。④姣：美好的样子。⑤倛：古代驱除疫鬼时扮神的人所戴的面具，它的样子狰狞丑恶。⑥緆：细麻布。⑦厌：隐藏。⑧蹢：登，行。⑨霁：指雨初晴。引申指风雪停止，云雾消散。⑩弩：用机械发矢的弓。缯：一种用于射鸟的系着丝绳的短箭。⑪五伯：即『五霸』。伯通『霸』。五霸历史上说法不一，通常指齐桓公、晋文公、秦穆公、宋襄公、楚庄王。⑫缪：同『谬』，谬误，差错。⑬著龟：指卜筮。著草和龟甲，都是用来占卜的东西。⑭羡：超出，剩余。

诸子百家

第四章 法家

民杂

民杂①处而各有所能，所能者不同，此民之情也。大君者，太上②也，兼畜下者也③。下之所能不同，而皆上之用也。是以大君因民之能为资④，尽包而畜之⑤，无能去取焉。是故不设一方以求于人⑥，故所求者无不足也。大君不择其下⑦，故足；不择其下，则易为下矣。易为下则莫不容⑧，莫不容故多下，多下之谓太上。君臣之道，臣事事而君无事⑨，君逸乐而臣任劳，臣尽智力以善其事⑩，而君无与焉⑪，仰成而已⑫。故事无不治，治之正道然也。人君自任⑭，而务为善以先下⑮，则是代下负任蒙劳也⑯，臣反逸矣⑰。故曰：君人者⑱，好为善以先下，则下不敢与君争为善以先君矣，皆私其所知以自覆掩⑲，有过，则臣反责君，逆乱之道也。君之智，未必最贤于众也，以未最贤而欲以善尽被下⑳，则不赡矣㉑。若使君之智最贤，以一君而尽赡下则劳，劳则有倦，倦则衰，衰则复反于不赡之道也㉒。是以人君自任而躬事㉓，则臣不事事，是君臣易位也㉔，谓之倒逆，倒逆则乱矣。人君苟任臣而勿自躬㉕，则臣皆事事矣。是君臣之顺㉖，治乱之分，不可不察也。

【注释】

①杂……聚集。②太……大，凡言大而以为形容未尽，则作太。③畜……容纳。④资……凭借。⑤包……包容。⑥一方……品类。这句话的意思是为不设置单一的品类标准去求取人才。⑦择……挑剔。⑧易为下则莫不容……这句话的意思是指大君易处于下位，则没有民众不能为其所容。⑨事事……前一个事是动词，从事；后一个事是名词，指事务。⑩善……修治。⑪与……参与。⑫仰成……依赖别人取得成功。⑬然……这样。这句话的意思是治理的正道就是这样。⑭任……承担。⑮务……谋求。⑯蒙……蒙受。劳……劳虑。⑰逸……安逸，闲适。⑱君……用作动词，指统治。⑲私……隐藏，不公开。⑳被……施及，加于。㉑赡……周济，充满。指君主的善不能及于下面的所有人。㉒反……通『返』，返回，回归。㉓躬事……躬，亲自。躬事指亲自做事。㉔易……改变。㉕任……任用。㉖是……代词，此，这。

《韩非子》

【导读】

《韩非子》，战国时法家代表著作，共二十卷，五十五篇。韩非子，名非。战国时期韩国人，为韩国公子。与李斯同学于荀子，喜好刑名法术之学，是中国古代著名法家思想的代表人物。

《韩非子》包括五十五篇独立的论文，大都出自韩非之手，主要阐述了韩非以君主专制为基础的法、术、势结合的法治理论，以及他进化论的历史观和讲求实际的哲学观，反映了战国时期经济、政治、思想、文化各方面的重要情况，其中《解老》《喻老》是中国最早注释和解说《老子》的著作。该书善用寓言，在系统整理之后又分门别类编辑为各种寓言故事集，《内外储说》《说林》《喻老》《十过》等篇即是。

初见秦①

臣闻：『不知而言，不智；知而不言，不忠。』为人臣不忠，当死；言而不当，亦当死。虽然，臣愿悉言所闻，唯大王裁其罪。

臣闻：天下阴燕阳魏，连荆固齐，收韩而成从②，将西面以与秦强为难。臣窃笑之。世有三亡③，而天下得之，其此之谓乎！臣闻之曰：『以乱攻治者亡，以邪攻正者亡，以逆攻顺者亡。』今天下之府库不盈，囷④仓空虚，悉其士民，张军数十百万，其顿首戴羽为将军断死于前不至千人，皆以言死。白刃在前，斧锧⑤在后，而却走不能死也。非其士民不能死也。上不能故也。言赏则不与，言罚则不行，赏罚不信，故士民不死也。今秦出号令而行赏罚，有功无功相事也。出其父母怀衽之中，生未尝见寇耳。闻战，顿足徒裼⑥，犯白刃，蹈炉炭，断死于前者皆是也。夫断死与断生者不同，而民为之者，是贵奋死也。夫一人奋死可以对十，十可以对百，百可以对千，千可以对万，万可

诸子百家

第四章 法家

以克天下矣。今秦地折长补短，方数千里，名师数十百万。秦之号令赏罚、地形利害，天下莫若也。以此与⑦天下，天下不足兼而有也，是故秦战未尝不克，攻未尝不取，所当未尝不破，开地数千里，此其大功也。然而兵甲顿⑧，士民病，蓄积索，田畴荒，囷仓虚，四邻诸侯不服，霸王之名不成，此无异故，某谋臣皆不尽其忠也。

臣敢言之：往者齐南破荆，东破宋，西服秦，北破燕，中使韩、魏，土地广而兵强，战攻取，诏令天下。齐之清济浊河，足以为限；长城巨防，足以为塞。齐，五战⑨之国也，一战不克而无齐⑩。由此观之，夫战者，万乘之存亡也。且闻之曰：「削迹无遗根，无与祸邻，祸乃不存。」秦与荆人战，大破荆，袭郢，取洞庭、五湖⑪、江南，荆王君臣亡走，东服于陈⑫。当此时也，随荆以兵，则荆可举；荆可举，则民足贪也，地足利也，东以弱齐、燕，中以凌三晋，然则是一举而霸王之名可成也，四邻诸侯可朝也。而谋臣不为，引军而退，复与荆人为和。令荆人得收亡国，聚散民，立社稷主，置宗庙，令率天下西面以与秦为难。此固以失霸王之道一矣。天下又比周⑭而军华下⑮，大王以诏破之，兵至梁郭下。围梁数旬，则梁可拔；拔梁，则魏可举；举魏，则荆、赵之意绝；荆、赵之意绝，则赵危；赵危而荆狐疑。东以弱齐、燕，中以凌三晋，然则是一举而霸王之名可成也，四邻诸侯可朝也。而谋臣不为，引军而退，复与魏氏为和。令魏氏反收亡国，聚散民，立社稷主，置宗庙，令⑰，此固以失霸王之道二矣。前者穰侯⑯之治秦也，用一国之兵而欲以成两国之功，是故兵终身暴露于外，士民疲病于内，霸王之名不成，此固以失霸王之道三矣。

赵氏，中央之国也，杂民所居也，其民轻而难用也。号令不治，赏罚不信，地形不便，下不能尽其民力。彼固亡国之形也，而不忧民萌⑱，悉其士民军于长平之下，以争韩上党。大王以诏破之，拔武安。当是时也，赵氏上下不相亲也，贵贱不相信也。然则邯郸不守。拔邯郸，管⑲山东河间，引军而去，西攻修武，逾华⑳，绛上党。代四十六县，上党七十县，不用一领甲，不苦一士民，此皆秦有也。代、上党不战而毕为秦矣，东阳、河外不战而毕为齐矣，中山、呼沱以北不战而毕为燕矣。然则是赵举，赵举则韩亡，韩亡则荆、魏不能独立，荆、魏不能独立，则是一举而坏韩、蠹魏、拔荆，东以弱齐、燕，决白马㉑之口以沃魏氏，是一举而三晋亡，从者败也，大王垂拱以须㉒之，天下编随而服矣，霸王之名可成。而谋臣不为，引军而退，复与赵氏为和。夫以大王之明，秦兵之强，弃霸王之业，地曾不可得，乃取欺于亡国，是谋臣之拙也。且夫赵当亡而不亡，秦当霸而不霸，天下固以量秦之谋臣一矣。乃复悉士卒以攻邯郸，不能拔也，弃甲兵弩，战竦而却，天下固已量秦力二矣。军乃引而退，并于李下，大王又并军而至，与战不能克之也。又不能反运，罢而去，天下固量秦力三矣。内者量吾谋臣，外者极吾兵力。由是观之，臣以为天下之从，几不难矣。内者，吾甲兵顿，士民病，蓄积索，田畴荒，困仓虚；外者，天下皆比意㉓甚固。愿大王有以虑之也。

且臣闻之曰：『战战栗栗，日慎一日，苟慎其道，天下可有。』何以知其然也？昔者纣为天子，将率天下甲兵百万，左饮于淇溪，右饮于洹溪，淇水竭而洹水不流，以与周武王为难。武王将素甲㉔三千，战一日，而破纣之国，禽㉕其身，据其地而有其民，天下莫伤。知伯㉖率三国之众以攻赵襄主于晋阳，决水而灌之三月，城且拔矣，襄主钻龟筮占兆，以视利害，何国可降。乃使其臣张孟谈，于是乃潜行而出，反知伯之约，得两国之众，以攻知伯，禽其身，以复襄主之初。今秦地折长补短，方数千里，名师数十百万。秦国之号令赏罚，地形利害，天下莫如也。以此与天下，天下可兼而有也。臣昧死愿望见大王，言所以破天下之从，举赵、亡韩，臣荆、魏，亲齐、燕，以成霸王之名，朝四邻诸侯之道。大王诚听其说，一举而天下之从不破，赵不举，韩不亡，荆、魏不臣，齐、燕不亲，霸王之名不成，四邻诸侯不朝，大王斩臣以徇㉗国，以为王谋不忠者也。

【注释】

①初见秦：初次叩见秦王。②从：即纵。战国时，楚、齐、燕、韩、赵、魏六国联合抗秦，由于六国地理位置

第四章 法家

四一三

由北而南成纵列，当时称六国的联合为合纵。③天下：此指楚、齐、燕、韩、赵、魏六国。④困：圆形的谷仓。⑤锒：古代腰斩人的刑具。⑥徒裼：裸露上身。⑦与：攻取。⑧顿：即钝。⑨五战：五次打败敌国。⑩一战不克而无齐宗教设置。⑫服于陈：公元前278年，秦将白起攻陷楚郢都，楚迁都至陈（今河南淮阳）。服：保有。⑬社稷主：祭祀天地的国之功。两国一指秦，一指魏冉私人的封地。⑭比周：相互勾结。⑮华下：地名。战国时属韩国。⑯穰侯：魏冉，战国时楚人，任秦昭襄王相。⑰两公元前318年，五国联军打败齐国，齐湣王被杀，首都临淄被占。⑪五湖：『湖』，当作『渚』。五渚为当时楚地。羊肠：古要塞名。㉑白马：古代黄河渡口。㉒须：等待。㉓比意：联合的意图。㉔素甲：周武王伐纣时，其父周文王丧期未满，故士兵皆服孝。㉕禽：即擒。㉖知伯：春秋末晋国大臣。㉗徇：示众。

存韩①

韩事秦三十余年，出则介蔽②，入则为席荐③。秦特④出锐师取秦地而⑤随之。怨悬⑥于天下，功归于强秦。且夫韩人贡职⑦，与郡县无异也。今臣窃闻贵臣之计，举兵将伐韩。夫赵氏聚士卒，养从徒⑧，欲赘⑨天下之兵，明⑩秦不弱，则诸侯必灭宗庙，欲西面⑪行其意，非一日之计也。今释⑫赵之患，而攘⑬内臣之韩，则天下明⑭赵氏之计矣。夫韩，小国也，而以应天下四击，主辱臣苦，上下相与同忧久矣。修守备，戒强敌，有蓄积，筑城池以守固。今伐韩，未可一年而灭，拔一城而退，则权轻⑮于天下，天下摧我兵矣。韩叛，则魏应之，赵据齐以为原⑯，如此，则以韩、魏资⑰赵假⑱齐，以固其从，而以与争强，赵之福而秦之祸也。夫进而击赵不能取，退而攻韩弗能拔，则陷锐⑲之卒勤于野战，负任之旅⑳罢㉑于内攻，则合群苦弱以敌而共二万乘，非所以亡赵之心也。均如贵人之计，则秦必为天下兵质㉒矣。陛下虽以金石相弊㉓，则兼天下之日未㉔也。

今贱臣之愚计：使人使荆，重币㉕用事之臣，明赵之所以欺秦者；与魏质㉖以安其心，从㉗韩而伐赵，赵虽与齐为一，不足患也。二国事毕，则韩可以移㉘书定也。是我一举，二国有亡形，则荆、魏又必自服矣。故曰：『兵者㉙，凶器㉚也。』不可不审㉛用也。以秦与赵敌衡㉜，加以齐，今又背韩，而未有以坚荆、魏之心，夫一战而不胜，则祸构㉝矣。计者，所以定事也，不可不察㉞也。韩秦强弱，在今年耳。且赵与诸侯阴谋久矣。夫一动而弱于诸侯，危事也；为计而使诸侯有意伐㉟之心，至殆也。见㊱二疏㊲，非所以强于诸侯也。臣窃愿陛下之幸㊳熟图之！夫攻伐而使从者㊴间㊵焉，不可悔也。

诏以韩客之所上书，书言韩之未可举，下臣斯㊶，甚以为不然。秦之有韩，若人之有腹心之病也，虚处㊷则恢㊸然若居湿地，著㊹而不去，以极走㊺，则发矣。夫韩虽臣于秦，未尝不为秦病，今若有卒报㊻之事，韩不可信也。秦与赵为难，荆苏㊼使齐，未知何如。以臣观之，则齐、赵之交未必以荆苏绝也；若不绝，是悉赵㊽而应二万乘也。韩与荆有谋，诸侯应之，则秦必复见崤塞之患㊾。

非之来也，未必不以其能存韩也为重于韩也。辩说属辞，饰非诈谋，以钓利㊿于秦，而以韩利窥[51]陛下。夫秦、韩之交亲，则非重矣，此自便[52]之计也。

臣视非之言，文[53]其淫说[54]，靡[55]辩才甚。臣恐陛下淫[56]非之辩而听其盗心，因不详察事情[57]。今以臣愚议：秦发兵而未名所伐[58]，则韩之用事者以事秦为计矣。臣斯请往见韩王，使来入见，大王见，因内[59]其身而勿遣，稍召其社稷之臣，以与韩人为市[61]，则韩可深割也。因令蒙武[62]发东郡之卒，窥兵于境上而未名所之，则齐人惧而从[63]苏[64]之计，是我兵未出而劲韩以威擒，强齐以义从矣。闻于诸侯也，赵氏破胆，荆人狐疑，必有忠计。荆人不动，魏不足患也，则诸侯可蚕食而尽，赵氏可得与敌[65]矣。愿陛下幸察愚臣之计，无忽[66]！

诸子百家

第四章 法家

秦遂遣斯使韩也。

李斯往诏韩王，未得见，因上书曰：

"昔秦、韩戮力⁶⁷一意，以不相侵，天下莫敢犯，如此者数世矣。前时五诸侯尝相与共伐韩，秦发兵以救之。韩居中国⁶⁸，地不能满千里，而所以伐秦，韩反与诸侯先为雁行⁶⁹以向秦军于关下矣。诸侯兵困力极，无奈何，诸侯兵罢。杜仓⁷⁰相秦，起兵发将以报天下之怨而先攻荆。荆令尹⁷¹患之，曰：'夫韩以秦为不义，而与秦兄弟共苦⁷²天下。'已⁷²又背秦，先为雁行以攻关。韩则居中国，展转⁷⁴不可知。'天下共割韩上地⁷⁵十城以谢秦，解其兵。夫韩尝一背秦而国迫⁷⁶地侵，兵弱至今，所以然者，听奸臣之浮说，不权⁷⁷事实，故虽杀戮奸臣，不能使韩复强。

"今赵欲聚兵士，卒以秦为事，使人来借道，言欲伐秦，其势必先韩而后秦。且臣闻之：'唇亡则齿寒。'夫秦、韩不得无同忧，其形可见。魏欲发兵以攻韩，秦使人将⁷⁸使者于韩。今秦王使臣斯来而不得见，恐左右袭⁷⁹曩⁸⁰奸臣之计，使韩复有亡地之患。臣斯不得见，请归报，秦、韩之交必绝矣。斯之来使，奉秦王之欢心，愿效⁸¹便计⁸²，岂陛下所以逆⁸³贱臣者邪？臣斯愿得一见，前进道愚计，退就菹⁸⁴戮，愿陛下有意焉。今杀臣于韩，则大王不足以强，若不听臣之计，则祸必构矣。秦发兵不留行，而韩之社稷忧矣。臣斯暴身于韩之市，则虽欲察贱臣愚忠之计，不可得已。边鄙⁸⁶残，国⁸⁷固守，鼓铎⁸⁸之声于耳，而乃用臣斯之计，晚矣。且夫韩之兵于天下可知也，今又背强秦。夫弃城而败军，则反掖⁸⁹之寇必袭城矣。城尽则聚⁹⁰散，聚散则无军矣。城固守，则秦必兴兵而围王一都，道不通，则难必谋⁹¹，其势⁹²不救，左右计之者不用⁹³。愿陛下熟图⁹⁴之。若臣斯之所言有不应事实者，愿大王幸使得毕辞于前，乃就吏诛不晚也。秦王饮食不甘，游观不乐，意专在图赵，使臣斯来言，愿得身见，因急与陛下有计也。今使臣不通，则韩之信未可知也。夫秦必释赵之患而移兵于韩，原陛下幸复察图之，而赐臣报决(95)。』

【注释】

①存韩：保存韩国。②介蔽：护卫。介，射箭时保护手臂的皮制手套。蔽，用于遮挡车子的纺织品。③荐：坐垫。④特：只要。⑤取秦地而：四字后面当有『韩』字。⑥悬：结。⑦贡职：上贡的职责。⑧从徒：从即纵。⑨赘：即缀，连结。⑩明：宣扬。⑪西面：面向西方。⑫释：放掉。⑬攘：排挤。⑭明：正确、明智。⑮轻：被……看轻。⑯原：高原。此引申为靠山的意思。⑰资：帮助。⑱假：借助，凭借。⑲陷锐：冲锋陷阵。⑳负任之旅：指担负运输的部队。㉑罢：即疲。㉒质：箭靶。㉓弊：坏。㉔未：没有。㉕重弊：重礼。弊，即币，礼物。㉖质：人质。㉗从：跟随。㉘移：书信之类公文。㉙兵：战争。㉚凶器：危险的手段。㉛审：谨慎。㉜衡：抗衡。㉝构：造成。㉞察：清楚。㉟意伐：征伐的意图。㊱见：即现。㊲二疏：两个漏洞。㊳幸：希望。㊴从者：主张六国联合的人。从即纵。㊵间：钻空子。㊶斯：李斯。秦国大臣。㊷虚处：无事闲处。㊸恢：难受。㊹著：纠缠。㊺极走：急速奔跑。极，即亟。㊻报：即赴，告丧。㊼荆苏：秦国使者。㊽赵：当作秦。㊾崤塞之患：指公元前247年，魏国等五国联军在崤山打败秦军之事。㊿钓利：以利为钓饵。(51)窥：窥伺，钻营。(52)自便：自讨便宜。(53)文：修饰。(54)淫说：无根据地乱说。(55)靡：华丽。(56)淫：沉浸。(57)情：实，真相。(58)用事者：执政的大臣。(59)内：即纳，接收。这里指扣留。(60)稍：渐渐。(61)市：做生意，交易。(62)象武：当作蒙武，秦将。(63)从：遵从。(64)苏：即前文所说荆苏。(65)敌：较量，为敌。(66)忽：忽略，不经意。(67)戮力：合力。(68)中国：此指中原地区。(69)雁行：像雁阵飞行排列在一起的意思。(70)杜仓：秦昭襄王时相。(71)令尹：楚国最高行政长官。(72)苦：为害。(73)已：过后。(74)展转：反复无常。(75)上地：韩国上党之地。(76)迫：窘迫。(77)权：衡量。(78)将：带着。(79)袭：沿用。(80)曩：往日。(81)效：奉献。(82)便计：有利的计谋。(83)逆：迎接。(84)菹：肉酱。(85)留行：

爱臣①

爱臣太亲，必危其身；人臣太贵，必易主位；主②妾无等，兄弟不服④，必危社稷。臣闻：千乘⑤之君无备，必有千乘之家在其侧，以徙⑥其威而倾其国；万乘之君无备，必有百乘之臣在其侧，以徙⑥其民而倾其国⑦。是以奸臣蕃息⑧，主道衰亡。是故诸侯之博大，天子之害也；群臣之太富，君主之败也。将相之管主而隆国家⑨，此君人者所外⑩也。万物莫如身之至贵也，位之至尊也，主威之重，主势之隆也。此四美者，不求诸外，不请于人，议⑪之而得之矣。故曰：人主不能用其富⑫，则终于外也。此君人者之所识⑬也。昔者纣之亡⑭，周之卑⑮，皆从诸侯之博大也；晋之分⑯，齐之夺⑰也，皆以群臣之太富也。夫燕、宋之所以弑其君者，皆以类也⑱。故上比之殷、周，中比之燕、宋，莫不从此术也。是故明君之蓄其臣也，尽⑳之以法，质㉑之以备。故不赦死，不宥㉒刑，是谓威淫㉓，社稷将危，国家偏威㉔。是故大臣之禄虽大，不得藉威城市㉕，党与㉖虽众，不得臣士卒。故人臣处国无私朝㉘，居军无私交，其府库不得私贷于家㉙，此明君之所以禁其邪。是故不得四从㉚；不载奇㉛兵；非传㉜非遽㉝，载奇兵革㉞，罪死不赦。此明君之所以备不虞㉟者也。

【注释】

①爱臣：爱护臣下。②主：王后。③嫡子：正妻的儿子。④服：顺。⑤千乘：千辆兵车。这里用以指国的大小。⑥徙：迁移。⑦倾：颠覆。⑧蕃息：繁殖生长。⑨国家：这里『国』字为衍文。⑩外：排除。⑪议：通宜，适宜。⑫富：拥有的。⑬识：即『志』，记住。⑭纣之亡：商朝末，封于西边的诸侯周逐渐强大，最后灭商。⑮周之卑：东

周以后，诸侯拥兵自重，争夺霸权。周虽名为天子，实力却仅同于一个小国。⑯晋之分：公元前403年，晋国贵族韩、赵、魏三家分晋，形成了后来的三个诸侯国。⑰齐之夺：公元前481年，齐国贵族田常杀齐简公，控制了齐国政权。⑱以：当作此。⑲蓄：养。⑳尽：一切。㉑质：正。㉒宥：减轻。㉓淫：乱。㉔偏威：权威旁落。㉕籍威城市：「威」字衍文。㉖籍：税收。㉗党与：拥护相好。㉘封邑。㉙家：人家。㉚四从：即驷从。驷，四匹马拉车。㉛奇：单个。㉜传：传送紧急公文的车。㉝遽：传送公文的马。㉞兵革：泛指武器。㉟不虞：没有料到。

说难（节选）

凡说之难，非吾知之有以说之之难也，又非吾辩之能明吾意之难也，又非吾敢横失而能尽之难也①。凡说之难：在知所说之心，可以吾说当之。

夫事以密成，语以泄败。未必其身泄之也，而语及所匿之事②，如此者身危。彼显有所出事，而乃以成他故，说者不徒知所出而已矣，又知其所以为，如此者身危。规异事而当③，知者揣之外而得之④，事泄于外，必以为已也，如此者身危。周泽未渥也⑤，而语极知，说行而有功，则德忘；说不行而有败，则见疑，如此者身危。贵人⑥有过端⑦，而说者明言礼义以挑其恶，如此者身危。贵人或得计而欲自以为功，说者与知焉，如此者身危。强以其所不能为，止以其所不能已，如此者身危。故与之论大人⑧，则以为间己矣'，与之论细人⑨，则以为卖重。论其所爱，则以为籍资；论其所憎，则以为尝己也⑩。径省其说，则以为不智而拙之；米盐博辩⑪，则以为多而交之。略事陈意，则曰怯懦而不尽；虑事广肆⑫，则曰草野而倨侮⑬。此说之难，不可不知也。

凡说之务，在知饰所说之所矜⑭，而灭其所耻。彼有私急也，必以公义示而强之。其意有下也，然而不能已，说者因为之饰其美而少其不为也。其心有高也，而实不能及，说者为之举其过而见其恶，而多其不行也。有欲矜以智能，则为之举异事之同类者，多为之地，使之资说于我，而佯不知也以资其智⑮。欲内相存之言，则必以美名明之，而微见其合于私利也。欲陈危害之事，则显其毁诽而微见其合于私患也。誉异人与同行者，规异事与同计者，有与同汙者，则必以大饰其无伤也；有与同败者，则必以明饰其无失也。彼自多其力，则无以其难概之也；自勇其断，则无以其谪怒之⑯；自智其计，则毋以其败躬之。大意无所拂悟⑰，辞言无所系縻，然后极骋智辩焉。此道所得，亲近不疑而得尽辞也。

昔者弥子瑕有宠于卫君⑱。卫国之法：窃驾君车者罪刖⑲。弥子瑕母病，人间往夜告弥子，弥子矫驾君车以出⑳。君闻而贤之，曰：『孝哉！为母之故，亡其刖罪。』异日，与君游于果园，食桃而甘，不尽，以其半啖君㉑。君曰：『爱我哉！亡其口味以啖寡人。』及弥子色衰爱弛㉒，得罪于君，君曰：『是固尝矫驾吾车，又尝啖我以余桃。』故弥子之行未变于初也，而以前之所以见贤而后获罪者，爱憎之变也。故有爱于主，则智当而加亲；有赠于主，则智不当见罪而加疏。故谏说谈论之士㉓，不可不察爱憎之主而后说焉。

夫龙之为虫也，柔可狎而骑也㉔。然其喉下有逆鳞径尺㉕，若人有婴之者㉖，则必杀人。人主亦有逆鳞㉗，说者能无婴人主之逆鳞，则几矣。

【注释】

①横：谓下决心不顾一切。失：通『佚』。放荡，淫佚。②匿：隐藏，隐瞒。③规：谋求，谋划。④揣：忖度，估量。⑤周泽：恩宠。司马贞索隐：『谓人臣事上，其道未合，至周之恩未沾渥于下，而辄吐诚极言，其说有功则其德亦亡。』渥：浓厚，优厚。⑥贵人：显贵的人。⑦过端：过失。⑧大人：指在高位者，如王公贵族。⑨细人：指地位卑微的人。⑩尝：试探，试验。⑪米盐：用来比喻繁杂琐碎。⑫广肆：远大而无所收束。⑬草野：粗俗鄙陋。⑭矜：骄傲。

⑮佯：假装，伪装。⑯谪：谴责，责备。⑰拂悟：违反，违逆。悟，通"悟"。⑱弥子瑕：姓弥，名瑕，卫国的大夫，卫灵公的嬖臣。⑲刖：古代酷刑之一，砍掉脚或脚趾。⑳矫：假托，诈称。㉑啖：给吃。㉒驰：急速运行，迅速流逝。㉓谏：劝谏，规劝。㉔狎：接近，亲近。㉕逆鳞：倒生的鳞片。古人以龙比喻君主，因以触"逆鳞"、批"逆鳞"等喻犯人主或强权之怒。㉖婴：接触，触犯。㉗人主：人君，君主。

孤愤（节选）

智术之士，必远见而明察，不明察，不能烛私①；能法之士，必强毅而劲直，不劲直，不能矫奸②。人臣循令而从事，案法而治官③，非谓重人也。重人也者，无令而擅为，亏法以利私，耗国以便家，力能得其君，此所为重人也④。智术之士明察，听用，且烛重人之阴情⑤；能法之士劲直，听用，且矫重人之奸行。故智术、能法之士用，则贵重之臣必在绳之外矣。是智法之士与当涂之人，不可两存之仇也⑥。当涂之人擅事要，则外内为之用矣。是以诸侯不因⑦，则事不应，故敌国为之讼⑧；百官不因，则业不进，故群臣为之用；郎中不因⑨，则不得近主，故左右为之匿；学士不因⑩，则养禄薄礼卑，故学士为之谈也。此四助者，邪臣之所以自饰也。重人不能忠主而进其仇，人主不能越四助而烛察其臣，故人主愈弊而大臣愈重⑪。

凡当涂者之于人主也，希不信爱也，又且习故⑫。若夫即主心，同乎好恶，因其所自进也。官爵贵重，朋党又众，而一国为之讼。则法术之士欲干上者⑬，非有所信爱之亲，习故之泽也，又将以法术之言矫人主阿辟之心⑭，是与人主相反也。处势卑贱，无党孤特⑮。夫以疏远与近爱信争，其数不胜也；以新旅与习故争，其数不胜也；以反主意与同好恶争，其数不胜也；以轻贱与贵重争，其数不胜也；以一口与一国争，其数不胜也。法术之士操五不胜之势，以发数而又不得见；当涂之人乘五胜之资，而且暮独说于前。故法术之士奚道得进，而人主奚时得悟乎？故资必不胜而势不

诸子百家

第四章 法家

两存,法术之士焉得不危?其可以罪过诬者,以公法而诛之;其不可被以罪过者,以私剑而穷之。是明法术而逆主上者,不戮于吏诛,必死于私剑矣。朋党比周以弊主⑯,言曲以使私者,必信于重人矣。故其可以攻伐借者,以官爵贵之;其不可借以美名者,以外权重之。是以弊主上而趋于私门者,不显于官爵,必重于外权矣。今人主不合参验而行诛⑰,不待见功而爵禄,故法术之士安能蒙死亡而进其说?奸邪之臣安肯乘利而退其身?故主上愈卑,私门益尊⑱。

夫越虽国富兵强,中国之主皆知无益于己也,曰:"非吾所得制也。"今有国者虽地广人众,然而人主壅蔽⑲,大臣专权,是国为越也。智不类越,而不智不类其国,不察其类者也。人之所以谓齐亡者,非地与城亡也,吕氏弗制而田氏用之;所以谓晋亡者,亦非地与城亡也,姬氏不制而六卿专之也⑳。今大臣执柄,而上弗收,是人主不明也。与死人同病者,不可生也;与亡国同事者,不可存也。今袭迹于齐、晋,欲国安存㉑,不可得也。

【注释】

①烛:明察,洞悉。②矫:匡正,纠正。③案:通"按"。依据,按照。④重人:指朝廷中执掌大权的人。⑤亏:毁坏,损伤。⑥当涂:涂亦作"途"。指居要职、掌大权的人。⑦因:依托,利用,凭借。⑧讼:争论,喧嚷。⑨郎中:官职名,初设于战国,秦汉沿置。掌管门户、车骑等事;内充侍卫,外从作战。另尚书台设郎中司诏策文书。晋武帝置尚书诸曹郎中,郎中为尚书曹司之长。隋唐迄清,各部皆设郎中之职,分掌各司事务,为尚书、侍郎之下的高级官员,清末废止。⑩学士:古代在国学读书的学生。⑪弊:衰落,疲困。⑫习:近习,亲近国君的人。⑬法术:"法"与"术"的合称。先秦韩非认为商鞅言"法",申不害言"术",两人所言皆有所偏,因而主张两者兼用。后因以"法术"指法家学说。⑭干:干涉,干预。⑭阿辟:邪僻不正。⑮特:单个,单独,孤独。⑯比周:结党营私。⑰参验:考核验证。

⑱私门：指有权势的人。⑲壅蔽：遮蔽，阻塞。⑳六卿：指春秋时晋之范、中行、知、赵、韩、魏六氏。㉑袭……重复，重叠。

解老（节选）

德者，内也。得者，外也。上德不德，言其神不淫于外也①。神不淫于外则身全，身全之谓得。得者，得身也。凡德者，以无为集②，以无欲成，以不思安，以不用固。为之欲之，则德无舍③，德无舍则不全。用之思之则不固，不固则无功，无功则生有德。德则无德，不德则在有德。故曰：「上德不德，是以有德。」

所以贵无为无思为虚者，谓其意无所制也④。夫无术者，故以无为无思为虚也。夫故以无为无思为虚者，其意常不忘虚，是制于为虚也。虚者，谓其意无所制也。今制于为虚，是不虚也。虚者之无为也，不以无为为有常，不以无为为有常则虚，虚则德盛，德盛之谓上德，故曰：「上德无为而无不为也。」

仁者，谓其中心欣然爱人也⑦。其喜人之有福，而恶人之有祸也。生心之所不能已也，非求其报也。故曰：「上仁为之而无以为也」。

义者，君臣上下之事，父子贵贱之差也，知交朋友之接也，亲疏内外之分也。臣事君宜⑧，下怀上宜⑨，子事父宜，贱敬贵宜，知交友朋之相助也宜，亲者内而疏者外宜。义者，谓其宜也，宜而为之，故曰：「上义为之而有以为也。」

礼者，所以貌情也⑩，群义之文章也，君臣父子之交也，贵贱贤不肖之所以别也。中心怀而不谕⑪，故疾趋卑拜而明之⑫。实心爱而不知，故好言繁辞以信之。礼者，外节之所以谕内也⑬。故曰：「礼以貌情也。」凡人之为礼也，以尊他人也，故时劝时衰⑭。君子之为礼，以为其身，以为其身，故神之为上礼，上礼神而众人贰⑮，故不能相应，不能相应，故曰：「上礼为之而莫之应。」众人虽贰，圣人之复恭敬尽手足之礼也不衰，

诸子百家

第四章 法家

故曰：『攘臂而仍之⑯。』道有积而德有功，德者道之功。功有实而实有光，仁者德之光。光有泽而泽有事，义者仁之事也。事有礼而礼有文，礼者义之文也。故曰：『失道而后失德，失德而后失仁，失仁而后失义，失义而后失礼。』礼为情貌者也，文为质饰者也⑰。夫君子取情而去貌，好质而恶饰。夫恃貌而论情者⑱，其情恶也；须饰而论质者，其质衰也。何以论之？和氏之璧⑲，不饰以五采⑳，随侯之珠㉑，不饰以银黄，其质至美，物不足以饰之。夫物之待饰而后行者，其质不美也。是以父子之间，其礼朴而不明㉒，故曰：『礼薄也。』凡物不并盛，阴阳是也。理相夺予，威德是也。实厚者貌薄，父子之礼是也。由是观之，礼繁者实心衰也。然则为礼者，事通人之朴心者也。众人之为礼也，人应则轻欢㉓，不应则责怨。今为礼者事通人之朴心，而资之以相责之分，能毋争乎？有争则乱，故曰：『礼者，忠信之薄也，而乱之首乎。』

【注释】

①淫：游离，游散。②集：成就，完成。③舍：房屋，居室。④贵：重视，崇尚，以……为贵。⑤制：控制。⑥术：特指君主控制和使用臣下的策略、手段。⑦中心：衷心。⑧事：侍奉，供奉宜：合适，适当。⑨怀：归向。⑩貌：引申为表现，显现出来。⑪谕：告晓，告知。⑫疾趋：急速行进。⑬节：礼节。⑭劝：指出力，有力。⑮贰：怀有二心，不专一。⑯攘臂：捋起衣袖，伸出胳膊。用来形容激动奋进的样子。⑰文：彩色交错。亦指彩色交错的图形。质：朴实，淳朴。⑱恃：依赖，凭借。⑲和氏璧：《韩非子·和氏》：『楚人和氏（卞和）得玉璞楚山中。奉而献之厉王，厉王使玉人相之，玉人曰："石也。"王以和为诳，而刖其左足。及厉王薨，武王即位，和又奉其璞而献之武王，武王使玉人相之，又曰："石也。"王又以和为诳，而刖其右足。武王薨，文王即位……王乃使玉人理其璞，而得宝焉，遂命曰"和氏之璧"』。⑳五采：亦作『五彩』。指青、黄、赤、白、黑五种颜色。㉑随侯之珠：传说中随

四二四

观行①

古之人，目短于自见，故以镜观面；智短于自知，故以道正己。镜无见疵②之罪，道无明过之恶。目失镜，则无以正须眉；身失道，则无以知迷惑。西门豹③之性急，故佩韦④以自缓；董安于⑤之心缓，故佩弦⑥以自急。故以有余补不足，以长续短之谓明主。

天下有信数⑦三：一曰智有所不能立；二曰力有所不能举；三曰强有所不能胜。故虽有尧之智而无众人之助，大功不立；有乌获⑧之劲而不得人助，不能自举；有贲⑨、育⑩之强而无法术，不得长生⑪。故势有不可得，事有不可成。故乌获轻千钧⑫而重其身，非其身重于千钧也，势不便也。离朱⑬易百步而难眉睫，非百步近而眉睫远也，道不可也。故明主不穷乌获以其不能自举，不困离朱以其不能自见。因可势，求易道，故用力寡而功名立。时有满虚⑭，事有利害，物有生死，人主为三者发喜怒之色，则金石之士离心焉。圣贤之朴⑮浅深矣。故明主观人，不使人观己。明于尧不能独成，乌获之不能自举，贲、育之不能自胜，以法术则观行之道毕矣。

【注释】

①观行：观察行为。②疵：缺点。③西门豹：战国时魏国人，做官有政绩。④韦：熟牛皮。⑤董安于：春秋时晋国人，赵简子谋臣。⑥弦：绷紧的弓弦。⑦信数：定理。⑧乌获：战国时秦国大力士。⑨贲：孟贲。战国时卫国勇士。⑩育：夏育。战国时卫国勇士。⑪生：当作胜。⑫钧：古代计算重量的单位。⑬离朱：中国古代传说中的明目者。⑭满虚：这里是用月亮的盈亏来表示天时的变化。⑮朴：这里指道术。

安危①

安术②有七，危道③有六。

安术：一曰赏罚随④是非，二曰祸福随善恶，三曰死生随法度，四曰有贤不肖而无爱恶，五曰有愚智而无非⑤誉，六曰有尺寸而无意度⑥，七曰有信而无诈。

危道：一曰斫削于绳之内，二曰斫割于法之外，三曰利人之所害，四曰乐人之所祸，五曰危人之所安，六曰所爱不亲、所恶不疏。如此，则人失其所以乐生，而忘其所以重死。人不乐生，则人主不尊；不重死，则令不行也。

使天下皆极智能于仪表⑦，尽力于权衡⑧，以动则胜，以静则安。治世使人乐生于为是，爱身于为非，小人少而君子多。故社稷⑨常立，国家久安。奔车之上无仲尼，覆舟之下无伯夷⑩。故号令者，国之舟车也。安则智廉生，危则争鄙起。故安国之法，若饥而食，寒而衣，不令而自然也。先王寄理于竹帛⑪，其道顺，故后世服。令使人饥寒去衣食，虽贲、欲⑫不能行；废自然，虽顺道而不立。强勇之所不能行，则上不能安。上以无厌责，已尽，则下对『无有』；无有，则轻法。法所以为国也而轻之，则功不成，名不立。

闻古扁鹊⑬之治其病也，以刀刺骨；圣人之救危国也，以忠拂耳。刺骨，故小痛在体而长利在身；拂耳，故小逆在心而久福在国。故甚病之人利在忍痛，猛毅之君以福拂耳。忍痛，故扁鹊尽巧；拂耳，则子胥不失，寿⑭安之术也。病而不忍痛，则失扁鹊之巧；危而不拂耳，则失圣人之意。如此，长利不远垂⑮，功名不久立。

人主不自刻⑯以尧而责人臣以子胥，是幸殷人之尽如比干。尽如比干，则上不失，下不亡。不权其力而有田成⑰而幸其身尽如比干，故国不得一安。废尧、舜而立桀、纣，则人不得乐所长而忧所短。失所长，则国家无功；守所短，则民不乐生。以无功御不乐生，不可行于齐民⑱。如此，则上无以使下，下无以事上。

安危在是非，不任于强弱。存亡在虚实，不在于众寡。故齐，万乘也，而名实不称，上空虚于国，内不充满于名实，故臣得夺主。杀⑲，天子也，而无是非，赏于无功，使逸⑳诛以诈伪为贵，诛于无罪，使伛㉑以天性剖背。以诈伪为是，天性为非，小㉒得胜大㉓。

明主坚内，故不外失。失之近㉔而不亡于远㉕者无有。故周之夺殷也，拾遗于庭。使殷不遗于朝，则周不敢望秋毫于境，而况敢易位乎？

明主之道㉖忠法，其法忠心，故临之而法㉗，去之而思。尧无胶漆之约于当世而道行，舜无置锥之地于后世而德结。能立道于往古，而垂德于万世者之谓明主。

【注释】

① 安危：安全和危险。② 安术：安定的方法。③ 危道：危险的道路。④ 随：依据。⑤ 非：即诽。⑥ 意度：即臆度。臆度，主观猜测。⑦ 仪表：标记。这里比喻国家法令。⑧ 权衡：称物的量具。这里比喻国家法令。⑨ 社稷：社，土地神。稷，谷神。对社稷的祭祀意味着国家长存。⑩ 伯夷：殷末周初孤竹国国君的大儿子，中国古代隐士中廉洁的典范。⑪ 竹帛：古时候书写的材料，因此成为书籍的代名词。⑫ 欲：当作育，指育。人名。⑬ 扁鹊：古代名医。⑭ 寿：长久。⑮ 垂：长远。⑯ 刻：责备，要求。⑰ 田成：春秋时齐国贵族。公元前481年，他杀死齐简公，控制了齐国政权。⑱ 齐民：平民。⑲ 杀：当作桀。⑳ 逸：说人坏话。㉑ 伛：驼背。㉒ 小：这里指殷汤。㉓ 大：这里指夏桀。㉔ 近：这里指内政。㉕ 远：这里指外敌。㉖ 忠：即衷，适合于。㉗ 法：当作治。

守道①

圣王之立法也，其赏足以劝善，其威足以胜暴，其备②足以必完法。治世之臣，功多者位尊，力极者赏厚，情③

第四章 法家

尽者名立。善之生如春，恶之死如秋，故民劝极力而乐尽情，此之谓上下相得④。上下相得，故能使用力者自极于权衡⑤，而务至于任鄙⑥；战士出死，而愿为贲、育⑦，守道者皆怀金石之心，以死子胥之节。用力者为任鄙，战如贲、育，中为金石，则君人者高枕而守已完矣。

古之善守者，以其所重禁其所轻，以其所难止其所易。夫贪盗不赴溪而掇⑪金，赴溪而掇金，则身不全。贲、育不量敌，则无勇名；盗跖不计可⑫，则利不成。明主之守禁也，贲、育见侵⑬于其所不能胜，盗跖见害⑭于其所不能取，故能禁贲、育之所不能犯，守盗跖之所不能取，则暴者守愿⑮，邪者反正。大勇愿，巨盗贞⑯，则天下公平，而齐民之情正矣。

人主离法、失人，则危于伯夷不妄取，而不免于田成⑰、盗跖之祸。何也？今天下无一伯夷，而奸人不绝世，故立法度量。度量信，则伯夷不失是，而盗跖不得非。法分明，则贤不得夺不肖，强不得侵弱，众不得暴寡。托天下于尧之法，则贞士⑱不失分，奸人不徼幸。寄千金于羿之矢，故千金不亡。邪人不寿而盗跖止。如此，则图不载宰予⑲，不举六卿⑳；书不著子胥，不明夫差㉑。孙、吴㉒之略废，盗跖之心伏。人主甘㉓服于玉堂之中，而无瞋目切齿倾取之患；人臣垂拱㉔于金城㉕之内，而无扼腕㉖聚唇㉗嗟唶㉘之祸。服虎而不以柙㉙，禁奸而不以法，塞伪而不以符㉚，此贲、育之所患，尧、舜之所难也。故设柙，非所以避曾、史也，所以使庸主能止盗跖也；立法，非所以避曾、史也，所以使庸主能服虎也；为符，非所以豫㉛尾生㉜也，所以使众人不相谩㉝也。不恃比干之死节，不幸乱臣之无诈也；恃怯之所能服，握庸主之所易守。当今之世，为人主忠计㉞，为天下结德者，利莫长于如㉟此。故君人者无亡国之图，而忠臣无失身之画。明于尊位㊱必赏，故能使人尽力于权衡，死节于官职。通贲、育之情，不以死易生；惑于盗跖之贪，不以财易身，则守国之道毕备矣。

【注释】

①守道：守护国家的原则。②备：措施。③情：忠诚。④相得：相互协调。⑤权衡：本指称重量的工具，这里指法度。⑥任鄙：战国时秦国大力士。⑦贲育：孟贲、夏育，战国时卫国勇士。⑧盗跖：强盗柳下跖。春秋历史传说中著名的盗贼。⑨曾：曾参。孔子的学生，以孝闻名。⑩史：史鲥。春秋时卫国大臣，以廉洁闻名。⑪掇：拾。⑫可：这里是成功的意思。⑬侵：这里是制裁的意思。⑭害：这里是制裁的意思。⑮愿：谨慎。⑯贞：即正。⑰田成：田常而被杀。春秋末齐国大臣，后杀齐简公，夺取了齐国政权。⑱贞士：清白的人。⑲宰予：孔子门徒。在齐国做大夫，因反对田常而被杀。⑳六卿：春秋时晋国六家贵族，即智、范、中行、赵、韩、魏六家。在争权夺利中造成了晋国内乱。㉑大差：春秋末吴国国君。不听忠臣伍子胥劝谏而杀伍子胥，后果然被越国灭亡。㉒孙吴：孙武、吴起，均为春秋战国时著名军事家。㉓甘：指甘美的食品。㉔垂拱：垂衣拱手。这里指从容不迫。㉕金城：形容都城的壮丽繁华。㉖扼腕：用左手捏住右手手腕，表示愤慨的情绪。㉗聚唇：嘴唇嗷起的样子，表示愤慨。㉘嗟喑：叹息的声音。㉙柳……㉚符：古人将竹或金属制成的物件一剖为二，分由君臣掌握，有命令时双方所持吻合即表示可信。这种物件称为符。㉛豫：防备。㉜尾生：古代传说中守信用的典型。㉝谩：欺诈。㉞忠计：忠心考虑。㉟如：衍文。㊱尊位：尊重君位。

用人①

闻古之善用人者必循天顺人而明赏罚。循天，则用力寡而功立；顺人，则刑罚省而令行，明赏罚，则伯夷、盗跖不乱。如此，则白黑分矣。治国之臣，效②功于国以履位，见能于官以受职，尽力于权衡以任事。人臣皆宜其能，胜其官，轻其任，而莫怀余力于心，莫负兼官之责于君。故内无伏怨之乱，外无马服③之患。明君使事不相干，故莫讼；使士不兼官，

诸子百家

故技长，使人不同功，故莫争。争讼止，技长立，则强弱不觳④力，冰炭不合形⑤，天下莫得相伤，治之至也。

释法术而任心治，尧不能正一国。去规矩⑥而妄意度，奚仲⑦不能成一轮。废尺寸而差⑧短长，王尔⑨不能半中⑩。

使中主守法术，拙匠执规矩尺寸，则万不失矣。君人者，能去贤巧之所不能，守中拙之所万不失，则人力尽而功名立。

明主立可为之赏，设可避之罚。故贤者劝赏而不见子胥之祸，不肖者少罪而不见伛剖背⑪，盲者处平而不遇深溪，愚者守静而不陷险危。如此，则上下之恩结矣。古之人曰：『其心难知，喜怒难中也。』故以表⑫示目，以鼓语耳，以法教心。君人者释三易之数⑬而行一难知之心，如此，则怒积于上而怨积于下。以积怒而御积怨，则两危矣。

明主之表易见，故约立；其教易知，故言用；其法易为，故令行。三者立而上无私心，则下得循法而治，望表而动，随绳而斫，因攒⑭而缝。如此，则上无私威之毒，而下无愚拙之诛。故上君⑮明而少怒，下尽忠而少罪。

闻之曰：『举事无患者，尧不得也。』而世未尝无事也。君人者不轻爵禄，不易富贵，不可与救危国。故明主厉⑯廉耻，招⑰仁义。昔者介子推⑱无爵禄而义随文公，不忍口腹而仁割其肌，故人主结其德，书图著其名。人主乐乎使人以公尽力，而苦乎以私夺威。人臣安乎以能受职，而苦乎以一负二。故明主除人臣之所苦，而立人主之所乐。上下之利，莫长于此。

不察私门⑲之内，轻虑重事，厚诛薄罪，久怨细过，长侮偷⑳快，数以德追祸，是断手而续以玉也，故世有易身之患。

人主立难为而罪不及，则私怨生；人臣失所长而奉难给㉑，则伏怨结。劳苦不抚循㉒，忧悲不哀怜；喜则誉小人，

贤不肖俱赏；怒则毁君子，使伯夷与盗跖俱辱。故臣有叛主。

使燕王内憎其民而外爱鲁人，则燕不用而鲁不附。见㉓憎，不能尽力而务功；鲁见说㉔，而不能离㉕死命而亲他主。

人臣为隙穴，而人主独立。以隙穴之臣而事独立之主，此之谓危殆。

如此，则人臣为隙穴，而人主独立。

释仪的㉖而妄发，虽中小不巧；释法制而妄怒，虽杀戮而奸人不恐。罪生甲，祸归乙，伏怨乃结。故至治之国，

有赏罚而无喜怒，故圣人极[1]，有刑法而死无螫毒[27]，故奸人服。发矢中的，赏罚当符，故尧复生，羿复立。上无殷、夏之患，下无比干之祸，君高枕而臣乐业，道蔽[28]天地，德极万世矣。

夫人主不塞隙穴而劳力于赭垩[29][30]，暴雨疾风必坏，不去眉睫之祸而慕贲、育之死，不谨萧墙[31]之患而固金城[32]于远境，不用近贤之谋而外结万乘之交于千里，飘风[33]一旦起，则贲、育不及救，而外交不及至，祸莫大于此。

人主忠计者，必无使燕王说鲁人，无使近世慕贤于古，无思越人以救中国溺者。如此，则上下亲，内功立，外名成。

【注释】

①用人：使用人才。②效：献。③马服：即马服君赵奢的儿子赵括。赵王不听赵括母劝告，运用赵括为将，公元前260年大败于秦，全军覆没。④彀：角力。⑤形：即型。型，模具。⑥规矩：木匠画圆和方的工具。⑦奚仲：中国古代传说中善于造车的人。⑧差：分别。⑨王尔：中国古代传说中的巧匠。⑩中：合适。⑪伛剖背：伛，驼背。传说纣曾令人剖开驼背的背部以观测究竟。这里是比喻无辜受害。⑫表：树立起来表示高低的标记。⑬数：办法。⑭攒：即钻。⑮钻：锥孔。⑯厉：鼓励。⑰招：提倡。⑱介子推：春秋时晋国大臣。⑲私门：指大臣。⑳偷耳即位前曾流亡在外十九年，介子推即随从之一，曾在晋文公饥饿时割股肉给晋文公充饥。㉑给：及。㉒抚循：安慰。㉓见：『见』字前当有『民』字㉔说：即悦。㉕离：即罹。罹，遭受。㉖仪的：箭靶。㉗螫毒：昆虫以毒刺刺人。这里比喻君主施刑狠毒而不依法度。㉘蔽：遮盖。㉙赭：红色土。㉚垩：白色土。㉛萧墙：宫门内的矮墙。这里比喻宫廷内部。㉜金城：坚固的城池。㉝飘风：旋风。常用以比喻恶势力。

功名①

明君之所以立功成名者四：一曰天时，二曰人心，三曰技能，四曰势位。非天时，虽十尧不能冬生一穗；逆人心，

诸子百家

虽贲、育不能尽人力。故得天时，则不务而自生；得人心，则不趣②而自劝；因③技能，则不急而自疾；得势位，则不进而名成。若水之流，若船之浮。守自然之道，行毋穷之令，故曰明主。

夫有材而无势，虽贤不能制不肖。故立尺材于高山之上，下临千仞之溪，材非长也，位高也。桀为天子，能制天下，非贤也，势重也；尧为匹夫，不能正④三家，非不肖也，位卑也。千钧⑤得船则浮，锱铢⑥失船则沉，非千钧轻而锱铢重也，有势之与无势也。故短之临高也以位，不肖之制贤也以势。人主者，天下一力以共载之，故安；众同心以共立之，故尊。人臣守所长，尽所能，故忠。以尊主主⑦御忠臣，则长乐生而功名成。名实相持而成，形影相应而立，故臣主同欲而异使。

人主之患在莫之应，故曰：一手独拍，虽疾无声。人臣之忧在不得一，故曰：右手画圆，左手画方，不能两成。故曰：至治之国，君若桴⑧，臣若鼓，技若车，事若马。故人有余力易于应，而技有余巧便于事。立功者不足于力，亲近者不足于信，成名者不足于势，近者已⑨亲，而远者不结，则名不称实者也。圣人德若尧、舜，行若伯夷，而位不载⑩于世，则功不立，名不遂。故古之能致功名者，众人助之以力，近者结之以成，远者誉之以名，尊者载之以势。如此，故太山之功长立于国家，而日月之名久著于天地。此尧之所以南面而守名，舜之所以北面而效功也。

【注释】

①功名：立功成名。②趣：即促，督促。③因：依靠。④正：管理。⑤钧：古代计量单位中较大的单位。⑥锱铢：都是古代计量单位中最小的单位。⑦主：衍文。⑧桴：鼓槌。⑨已：当作不。⑩载：这里是拥戴的意思。

定 法

问者曰：『申不害、公孙鞅，此二家之言孰急于国？』

应之曰：『是不可程也。人不食，十日则死；大寒之隆，不衣亦死。谓之衣食孰急于人，则是不可一无也，皆养生之具也。今申不害言术而公孙鞅为法。术者，因任而授官，循名而责实，操杀生之柄，课群臣之能者也，此人主之所执也。法者，宪令著于官府，刑罚必于民心，赏存乎慎法，而罚加乎奸令者也，此臣之所师也。君无术，则弊于上；臣无法，则乱于下。此不可一无，皆帝王之具也。」

问者曰：「徒术而无法，徒法而无术，其不可何哉？」

对曰：「申不害，韩昭侯之佐也。韩者，晋之别国也。晋之故法未息，而韩之新法又生；先君之令未收，而后君之令又下。申不害不擅其法，不一其宪令，则奸多。故利在故法前令，则道之；利在新法后令，则道之。利在故新相反，前后相悖，则申不害虽十使昭侯用术，而奸臣犹有所谚其辞矣。故托万乘之劲韩，七十①年而不至于霸王者，虽用术于上，法不勤饰于官之患也。公孙鞅之治秦也，设告相坐而责其实，连什伍而同其罪，赏厚而信，刑重而必。是以其民用力劳而不休，逐敌危而不却，故其国富而兵强；然而无术以知奸，则以其富强也资人臣而已矣。及孝公、商君死，惠王即位，秦法未败也，而张仪以秦殉韩、魏。惠王死，武王即位，甘茂以秦殉周。武王死，昭襄王即位，穰侯越韩、魏而东攻齐，五年而秦不益一尺之地，乃成其陶邑之封。应侯攻韩八年，成其汝南之封。自是以来，诸用秦者皆应、穰之类也。故战胜，则大臣尊；益地，则私封立。主无术以知奸也。商君虽十饰其法，人臣反用其资。故乘强秦之资数十年而不至于帝王者，法不勤饰于官，主无术于上之患也。」

问者曰：「主用申子之术，而官行商君之法，可乎？」

对曰：「申子未尽于法②也。申子言：『治不逾官，虽知弗言。』治不逾官，谓之守职也可；知而弗言，是谓过也。人主以一国目视，故视莫明焉；以一国耳听，故听莫聪焉。今知而弗言，则人主尚安假借矣？商君之法曰：『斩一首者爵一级，欲为官者为五十石之官；斩二首者爵二级，欲为官者为百石之官。』官爵之迁与斩首之功相称也。

今有法曰："斩首者令为医、匠。"则屋不成而病不已。夫匠者，手巧也；而医者，齐药也；而以斩首之功为医、匠，则不当其能。今治官者，智能也；今斩首者，勇力之所加也。以勇力之所加而治智能之官，是以斩首之功为医、匠也。

故曰：二子之于法术，皆未尽善也。"

【注释】

① 『七十』当作『十七』。② 此句当作『申子未尽于术，而商君未尽于法也』。

五 蠹

上古之世，人民少而禽兽众，人民不胜禽兽虫蛇。有圣人作，构木为巢以避群害，而民悦之，使王天下，号之曰有巢氏。民食果蓏蚌蛤，腥臊恶臭而伤腹胃，民多疾病。有圣人作，钻燧取火以化腥臊，而民说之，使王天下，号之曰燧人氏。中古之世，天下大水，而鲧、禹决渎。近古之世，桀、纣暴乱，而汤、武征伐。今有构木钻燧于夏后氏之世者，必为鲧、禹笑矣；有决渎于殷、周之世者，必为汤、武笑矣。然则今有美尧、舜、汤、武、禹之道于当今之世者，必为新圣笑矣。是以圣人不期修古，不法常可，论世之事，因为之备。宋人有耕者，田中有株，兔走触株，折颈而死，因释其耒而守株，冀复得兔，兔不可复得，而身为宋国笑。今欲以先王之政，治当世之民，皆守株之类也。

古者，丈夫不耕，草木之实足食也；妇人不织，禽兽之皮足衣也。不事力而养足，人民少而财有余，故民不争。是以厚赏不行，重罚不用，而民自治。今人有五子不为多，子又有五子，大父①未死而有二十五孙。是以人民众而货财寡，事力劳而供养薄，故民争，虽倍赏累罚而不免于乱。

尧之王天下也，茅茨不剪，采椽不斫，粝粢②之食，藜藿之羹，冬日麑裘，夏日葛衣，虽监门③之服养，不亏于此矣。禹之王天下也，身执耒臿以为民先，股无胈，胫不生毛，虽臣虏之劳，不苦于此矣。以是言之，夫古之让天子者，是去监门之养，而离臣虏之劳也，古传天下而不足多也。今之县令，一日身死，子孙累世絜驾④，故人重之。是以人之于让也，轻辞古之天子，难去今之县令者，薄厚之实异也。夫山居而谷汲者，膝腊⑤而相遗以水；泽居苦水者，买庸而决窦。故饥岁之春，幼弟不饷；穰岁之秋，疏客必食。非疏骨肉，爱过客也，多少之心异也。是以古之易财，非仁也，财多也；今之争夺，非鄙也，财寡也。轻辞天子，非高也，势薄也；重争士橐⑥，非下也，权重也。故圣人议多少、论薄厚为之政。故罚薄不为慈，诛严不为戾，称俗而行也。故事因于世，而备适于事。

古者，文王处丰、镐之间，地方百里，行仁义而怀西戎，遂王天下。徐偃王处汉东，地方五百里，行仁义，割地而朝者三十有六国。荆文王恐其害己也，举兵伐徐，遂灭之。故文王行仁义而王天下，偃王行仁义而丧其国，是仁义用于古而不用于今也。故曰：世异则事异。当舜之时，有苗不服，禹将伐之。舜曰：『不可。上德不厚而行武，非道也。』乃修教三年，执干戚舞，有苗乃服。共工之战，铁铦⑦短者及乎敌，铠甲不坚者伤乎体。是干戚用于古不用于今也。故曰：事异则备变。上古竞于道德，中世逐于智谋，当今争于气力。齐将攻鲁，鲁使子贡说之。齐人曰：『子言非不辩也，吾所欲者土地也，非斯言所谓也。』遂举兵伐鲁，去门十里以为界。故偃王仁义而徐亡，子贡辩智而鲁削。以是言之，夫仁义辩智，非所以持国也。去偃王之仁，息子贡之智，循⑧徐、鲁之力使敌万乘，则齐、荆之欲不得行于二国矣。

夫古今异俗，新故异备。如欲以宽缓之政，治急世之民，犹无辔策而御骅骝，此不知之患也。今儒、墨皆称先王兼爱天下，则视民如父母。何以明其然也？曰：『司寇行刑，君为之不举乐；闻死刑之报，君为流涕。』此所举先王也。夫以君臣为如父子则必治，推是言之，是无乱父子也。人之情性莫先于父母，父母皆见爱而未必治也，君虽厚爱，奚遽不乱？今先王之爱民，不过父母之爱子，子未必不乱也，则民奚遽治哉？且夫以法行刑，而君为之流涕，此以效仁，非以为治也。夫垂泣不欲刑者，仁也；然而不可不刑者，法也。先王胜其法，不听其泣，则仁之不可以为治亦明矣。

且民者固服于势，寡能怀于义。仲尼，天下圣人也，修行明道以游海内，海内说其仁、美其义而为服役者七十人。盖贵仁者寡，能义者难也。故以天下之大，而为服役者七十人，而仁义者一人。鲁哀公，下主也，南面君国，境内之民莫敢不臣。民者固服于势，势诚易以服人，故仲尼反为臣而哀公顾为君。仲尼非怀其义，服其势也。故以义则仲尼不服于哀公，乘势则哀公臣仲尼。今学者之说人主也，不乘必胜之势，而务行仁义则可以王，是求人主之必及仲尼，而以世之凡民皆如列徒，此必不得之数也。

今有不才之子，父母怒之弗为改，乡人谯⑨之弗为动，师长教之弗为变。夫以父母之爱、乡人之行、师长之智，三美加焉，而终不动，其胫毛不改。州部之吏，操官兵，推公法，然后恐惧，变其节，易其行矣。故父母之爱不足以教子，必待州部之严刑者，民固骄于爱、听于威矣。故十仞之城，楼季弗能逾者，峭也；千仞之山，跛䍧易牧者⑩，夷也。故明王峭其法而严其诛也。是以赏莫如厚而信，使民利之；罚莫如重而必，使民畏之；法莫如一而固，必害手，则不掇百溢。故主施赏不迁，行诛无赦，誉辅其赏，毁随其罚，则贤、不肖俱尽其力矣。

今则不然。其有功也爵之，而卑其士官也；以其耕作也赏之，而少其家业也；以其不收也外之，而高其轻世也；以其犯禁也罪之，而多其有勇也。毁誉、赏罚之所加者，相与悖缪也，故法禁坏而民愈乱。今兄弟被侵，必攻者，廉也；知友被辱，随仇者，贞也。廉贞之行成，而君上之法犯矣。人主尊贞廉之行，而忘犯禁之罪，故民程⑪于勇，而吏不能胜也。不事力而衣食，则谓之能；不战功而尊，则谓之贤。贤能之行成，而兵弱而地荒矣。人主说贤能之行，而忘兵弱地荒之祸，则私行立而公利灭矣。

夫离⑫法者罪，而诸先生以文学取；犯禁者诛，而群侠以私剑养。故法之所非，君之所取；吏之所诛，上之所养也。法、趣、上、下，四相反也，而无所定，虽有十黄帝不能治也。故行仁义者非所誉，誉之则害功；文学者非所用，用之则乱法。……故明主之国，无书简之文，以法为教；无先王之语，以吏为师；无私剑之捍，以斩首为勇。是境内之民，其言谈者必轨于法，动作者归之于功，为勇者尽之于军。是故无事则国富，有事则兵强，此之谓王资。既畜王资而承敌国之衅，超五帝侔三王者，必此法也。

儒以文乱法，侠以武犯禁，而人主兼礼之，此所以乱也。

私剑养。故法之所非，君之所取；吏之所诛，上之所养也。法、趣、上、下，四相反也，而无所定，虽有十黄帝，不能治也。故行仁义者非所誉，誉之则害功；工文学者非所用，用之则乱法。楚之有直躬，其父窃羊，而谒之吏。令尹曰：『杀之！』以为直于君而曲于父，报而罪之。以是观之，夫君之直臣，父之暴子也。鲁人从君战，三战三北。仲尼问其故，对曰：『吾有老父，身死，莫之养也。』仲尼以为孝，举而上之。以是观之，夫父之孝子，君之背臣也。故令尹诛而楚奸不上闻，仲尼赏而鲁民易降北。上下之利，若是其异也，而人主兼举匹夫之行，而求致社稷之福，必不几矣。古者苍颉之作书也，自环者谓之私，背私谓之公。公私之相背也，乃苍颉固以知之矣。今以为同利者，不察之患也。然则为匹夫计者，莫如修行义而习文学。行义修则见信，见信则受事；文学习则为明师，为明师则显荣：此匹夫之美也。然则无功而受事，无爵而显荣，有政如此，则国必乱，主必危矣。故不相容之事，不两立也。斩敌者受赏，而贵文学之士；废敬上畏法之民，而养游侠私剑之属。举行如此，治强不可得也。国平养儒侠，难至用介士，所利非所用，所用非所利。是故服事者简⑭其业，而游学者日众，是世之所以乱也。

且世之所谓贤者，贞信之行也；所谓智者，微妙之言也。微妙之言，上智之所难知也。今为众人法，而以上智之所难知，则民无从识之矣。故糟糠不饱者不务粱肉，短褐不完者不待文绣。夫治世之事，急者不得，则缓者非所务也。今所治之政，民间之事，夫妇所明知者不用，而慕上知之论，则其于治反矣。故微妙之言，非民务也。若夫贤良贞信之行者，必将贵不欺之士；贵不欺之士者，亦无不欺之术也。布衣相与交，无富厚以相利，无威势以相惧也，故求不欺之士。今人主处制人之势，有一国之厚，重赏严诛，得操其柄，以修明术之所烛，虽有田常、子罕之臣，不敢欺也，奚待于不欺之士？今贞信之士不盈于十，而境内之官以百数，必任贞信之士，则人不足官。人不足官，

第四章 法家

则治者寡而乱者众矣。故明主之道，一法而不求智，固术而不慕信，故法不败，而群官无奸诈矣。

今人主之于言也，说其辩而不求其当焉，其用于行也，美其声而不责其功焉。是以天下之众，其谈言者务为辩而不周于用，故举先王、言仁义者盈廷，而政不免于乱；行身者竞于为高而不合于功，故智士退处岩穴，归禄不受，而兵不免于弱。政不免于乱，此其故何也？民之所誉，上之所礼，乱国之术也。今境内之民皆言治，藏商、管之法者家有之，而国愈贫，言耕者众，执耒者寡也；境内皆言兵，藏孙、吴之书者家有之，而兵愈弱，言战者多，被甲者少也。故明主用其力，不听其言，赏其功，必禁无用。故民尽死力以从其上。夫耕之用力也劳，而民为之者，曰：可得以富也。战之为事也危，而民为之者，曰：可得以贵也。今修文学，习言谈，则无耕之劳而有富之实，无战之危而有贵之尊，则人孰不为也？是以百人事智而一人用力。事智者众，则法败；用力者寡，则国贫；此世之所以乱也。

故明主之国，无书简之文，以法为教；无先王之语，以吏为师；无私剑之捍，以斩首为勇。是境内之民，其言谈者必轨于法，动作者归之于功，为勇者尽之于军。是故无事则国富，有事则兵强，此之谓王资。既畜王资而承敌国之釁，超五帝、侔⑮三王者，必此法也。

今则不然，士民纵恣于内，言谈者为势于外，外内称恶，以待强敌，不亦殆乎？故群臣之言外事者，非有分于从衡之党，则有仇雠之忠⑯，而借力于国也。从者，合众弱以攻一强也；而衡者，事一强以攻众弱也：皆非所以持国也。今人臣之言衡者，皆曰：『不事大，则遇敌受祸矣。』事大未必有实，则举图而委，效玺而请兵矣。献图则地削，效玺则名卑；地削则国削，名卑则政乱矣。事大为衡，未见其利也，而亡地乱政矣。人臣之言从者，皆曰：『不救小而伐大，则失天下；失天下，则国危；国危而主卑。』救小未必有实，则起兵而敌大矣。救小未必能存，而亡地败军矣。是故事强，败小而伐大，则失天下；失天下，则国危；国危而主卑。』救小未必有实，则起兵而敌大矣。救小未必能存，而亡地败军矣。是故事强，败未必不有疏，有疏则为强国制矣。出兵则军败，退守则城拔。救小未必为从，未见其利，而亡地败军矣。

以外权士官于内：救小，则以内重求利于外。国利未立，封土厚禄至矣；主上虽卑，人臣尊矣；国地虽削，私家富矣。事成，则以权长重，事败，则以富退处。人主之听说于其臣，事未成则爵禄已尊矣，事败而弗诛，则游说之士，孰不为用缯缴⑰之说而徼幸其后？故破国亡主以听言谈者之浮说。此其故何也？是人君不明乎公私之利，不察当否之言，而诛罚不必其后也。皆曰：『外事，大可以王，小可以安。』夫王者，能攻人者也；而安，则不可攻也。强，则能攻人者也；治，则不可攻也。治强不可责于外，内政之有也。今不行法术于内，而事智于外，则不至于治强矣。

鄙谚曰：『长袖善舞，多钱善贾。』此言多资之易为工也，故治强易为谋，弱乱难为计。故用于秦者十变而谋希失⑱，用于燕者一变而计希得，非用于秦者必智，用于燕者必愚也，盖治乱之资异也。故周去秦为从，期年而举；卫离魏为衡，半岁而亡。是周灭于从，卫亡于衡也。使周、卫缓其从衡之计，而严其境内之治；明其法禁，必其赏罚，尽其地力以多其积，致其民死以坚其城守，天下得其地，则其利少；攻其国，则其伤大；万乘之国，莫敢自顿⑲于坚城之下，而使强敌裁其弊：此必不亡之术也。舍必不亡之术而道必灭之事，治国者之过也。智困于内而政乱于外⑳，则亡不可振也。

民之政计，皆就安利如辟危穷。今为之攻战，进则死于敌，退则死于诛，则危矣。弃私家之事而必汗马之劳，家困而上弗论，则穷矣。穷危之所在也，民安得勿避？故事私门而完解舍㉑，解舍完则远战，远战则安。行货赂而袭当涂者则求得，求得则私安，私安则利之所在，安得勿就？是以公民少而私人众矣。

夫明王治国之政，使其商工游食之民少而名卑，以寡趣本务而趋末作。今世近习之请行，则官爵可买；官爵可买，则商工不卑也矣。奸财货贾得用于市，则商人不少矣。聚敛倍农而致尊过耕战之士寡而高价㉒之民多矣。

是故乱国之俗：其学者，则称先王之道以籍仁义，盛容服而饰辩说，以疑当世之法，而贰人主之心。其言谈者，为设诈称，借于外力，以成其私，而遗社稷之利。其带剑者，聚徒属，立节操，以显其名，而犯五官之禁。

其患御者，积于私门，尽货赂，而用重人之谒，退汗马之劳。其商工之民，修治苦窳之器，聚弗靡㉓之财，蓄积待时，而侔㉔农夫之利。此五者，邦之蠹也。人主不除此五蠹之民，不养耿介之士，则海内虽有破亡之国、削灭之朝，亦勿怪矣。

【注释】

① 大父：祖父。② 粝：粗粮。粱：米饼。③ 监门：看门人。④ 絜驾：即乘车，代指享受优裕物质生活。⑤ 媵：三月祭食神的节日。腊：腊月祭百神的节日。⑥ 土橐：仕：做官。橐：依托权臣。⑦ 铦：长矛的一种。⑧ 循当作修。⑨ 谯：斥骂，谴责。⑩ 牂：母羊。⑪ 程：迟。⑫ 离：即罹，遭遇。⑬ 廉当作兼。⑭ 简：怠慢。⑮ 侔：等同。⑯ 忠：即衷，内心。⑰ 矰缴：一种带尾绳的箭，这里比喻某种手段。⑱ 希：即稀。⑲ 顿：即屯，驻扎。⑳ 此句中内、外二字应互换位置。㉑ 完：修缮。解舍、廨舍：房舍。㉒ 高价：应作高贾。㉓ 弗靡：沸靡，奢侈。㉔ 侔：谋。

显 学

世之显学，儒、墨也。儒之所至，孔丘也。墨之所至，墨翟也。自孔子之死也，有子张之儒，有子思之儒，有颜氏之儒，有孟氏之儒，有漆雕氏之儒，有仲良氏之儒，有孙氏之儒，有乐正氏之儒。自墨子之死也，有相里氏之墨，有相夫氏之墨，有邓陵氏之墨。故孔、墨之后，儒分为八，墨离为三，取舍相反不同，而皆自谓真孔、墨，孔、墨不可复生，将谁使定后世之学乎？孔子、墨子俱道尧、舜，而取舍不同，皆自谓真尧、舜，尧、舜不复生，将谁使定儒、墨之诚乎？殷、周七百余岁，虞、夏二千余岁①，而不能定儒、墨之真；今乃欲审尧、舜之道于三千余岁之前，意者其不可必乎？无参验而必之者，愚也；弗能必而据之者，诬也。故明据先王，必定尧、舜者，非愚则诬也。愚诬之学，杂反之行，明主弗受也。

墨者之葬也，冬日冬服，夏日夏服，桐棺三寸，服丧三月，世主以为俭而礼之。儒者破家而葬，服丧三年，大毁扶杖，世主以为孝而礼之。夫是墨子之俭，将非孔子之侈也；是孔子之孝，将非墨子之戾也。今孝、戾、侈、俭俱在儒、墨，而上兼礼之。漆雕之议，不色挠，不目逃，行曲则违于臧获，行直则怒于诸侯，世主以为廉而礼之。宋荣子之议，设不斗争，取不随仇，不羞囹圄，见侮不辱，世主以为宽而礼之。夫是漆雕之廉，将非宋荣之恕也；是宋荣之宽，将非漆雕之暴也。今宽、廉、恕、暴俱在二子，人主兼而礼之。自愚诬之学，杂反之辞争，而人主俱听之，故海内之士，言无定术，行无常议。夫冰炭不同器而久，寒暑不兼时而至，杂反之学不两立而治。今兼听杂学缪②行同异之辞，安得无乱乎？听行如此，其于治人又必然矣。

今世之学士语治者多曰：『与贫穷地以实无资。』今夫与人相若也，无丰年旁入之利而独以完给者，非力则俭也。与人相若也，无饥馑、疾疚、祸罪之殃独以贫穷者，非侈则惰也。侈而惰者贫，而力而俭者富。今上征敛于富人以布施贫家，是夺力俭而与侈惰也，而欲索民之疾作而节用，不可得也。

今有人于此，义不入危城，不处军旅，不以天下大利易其胫一毛，世主必从而礼之，贵其智而高其行，以为轻物重生之士也。夫上所以陈良田大宅，设爵禄，所以易民死命也。今上尊贵轻物重生之士，而索民之出死而重殉上事，不可得也。藏书策，习谈论，聚徒役，服文学而议说，世主必从而礼之，曰：『敬贤士，先王之道也。』夫吏之所税，耕者也：而上之所养，学士也。耕者则重税，学士则多赏，而索民之疾作而少言谈，不可得也。立节参民③，执操不侵，怨言过于耳，必随之以剑，世主必从而礼之，以为自好之士。夫斩首之劳不赏，而家斗之勇尊显，而索民之疾战距敌而无私斗，不可得也。国平，则养儒、侠；难至，则用介士④。所养者非所用，所用者非所养，此所以乱也。且夫人主于听学也：若是其言，宜布之官而用其身；若非其言，宜去其身而息其端。今以为是也，而弗布于官；以为非也，而不息其端。是而不用，非而不息，乱亡之道也。

澹台子羽，君子之容也，仲尼几⑤而取之，与处久而行不称其貌。宰予之辞，雅而文也，仲尼几而取之，与处⑥而智不充其辩。故孔子曰：『以容取人乎，失之子羽；以言取人乎，失之宰予。』故以仲尼之智而有失实之声。今之新辩滥乎宰予，而世主之听眩乎仲尼，为悦其言，因任其身，则焉得无失乎？是以魏任孟卯之辩，而有华下之患；赵任马服之辩，而有长平之祸。此二者，任辩之失也。夫视锻锡而察青黄，区冶不能以必剑；水击鹄雁，陆断驹马，则臧获不疑钝利。发齿吻形容，伯乐不能以必马；授车就驾，而观其末涂，则臧获不疑驽良。观容服，听辞言，仲尼不能以必士；试之官职，课其功伐，则庸人不疑于愚智。故明主之吏：宰相必起于州部，猛将必发于卒伍。夫有功者必赏，则爵禄厚而愈劝；迁官袭级，则官职大而愈治。夫爵禄大而官职治，王之道也。

磐石千里，不可谓富；象人百万，不可谓强。石非不大，数非不众也，而不可谓富强者，磐不生粟，象人不可使距敌也。今商官技艺之士亦不垦而食，是地不垦，与磐石一贯也。儒、侠毋军劳，显而荣者，则民不使，与象人同事也。夫祸知⑦磐石象人，而不知祸商官儒侠为不垦之地、不使之民，不知事类也。

故敌国之君王，虽说吾义，吾弗入贡而臣⑧；关内之侯，虽非吾行，吾必使执禽而朝。是故力多，则人朝；力寡，则朝于人。故明君务力。夫严家无悍虏，而慈母有败子。吾以此知威势之可以禁暴，而德厚之不足以止乱也。

夫圣人之治国，不恃人之为吾善也，而用其不得为非也。恃人之为吾善也，境内不什数；用人不得为非，一国可使齐。为治者用众而舍寡，故不务德而务法。夫必恃自直之箭，百世无矢；恃自圜之木，千世无轮矣。虽有不恃隐栝而有自直之箭，自圜之木，良工弗贵也。何则？乘者非一人，射者非一发也。不恃赏罚而恃自善之民，明主弗贵也。何则？国法不可失，而所治非一人也。故有术之君，不随适然之善，而行必然之道。

今或谓人曰:"使子必智而寿。"则世必以为狂。夫智,性也;寿,命也。性命者,非所学于人也,而以人之所不能为说人,此世之所以谓之为狂也。谓之不能然,则是谕也®。夫谕,性也®。以仁义教人,是以智与寿说人也,有度之主弗受也。故善毛嫱⑪、西施之美,无益吾面,用脂泽粉黛,则倍其初。言先王之仁义,无益于治;明吾法度,必吾赏罚者,亦国之脂泽粉黛也。故明主急其助而缓其颂,故不道仁义。

今巫祝之祝人曰:"使若千秋万岁。"千秋万岁之声聒耳,而一日之寿无征于人,此人所以简巫祝也。今世儒者之说人主,不言今之所以为治,而语已治之功;不审官法之事,不察奸邪之情,而皆道上古之传誉,先王之成功。儒者饰辞曰:"听吾言,则可以霸王。"此说者之巫祝,有度之主不受也。故明主举实事,去无用,不道仁义者故⑫,不听学者之言。

今不知治者必曰:"得民之心。"欲得民之心而可以为治,则是伊尹、管仲无所用也,将听民而已矣。民智之不可用,犹婴儿之心也。夫婴儿不剔⑬首则腹痛,不揃痤则寝益。剔首、揃痤,必一人抱之,慈母治之,然犹啼呼不止,婴儿子不知犯其所小苦致其所大利也。今上急耕田垦草以厚民产也,而以上为酷;修重罚以为禁邪也,而以上为严;征赋钱粟以实仓库,且以救饥馑、备军旅也,而以上为贪;境内必知介⑮而无私解,并力疾斗,所以禽虏⑯也,而以上为暴。此四者,所以治安也,而民不知悦也。夫求圣通之士者,为民智之不足师用。昔禹决江浚河,而民聚瓦石;子产开亩树桑,郑人谤訾。禹利天下,子产存郑,皆以受谤,夫民智之不足用亦明矣。故举士而求贤智,为政而期适民,皆乱之端,未可与为治也。

【注释】

①此句当作『虞夏七百余岁,殷周二千余岁』。②缪:谬。③参:高。民应作明。④介:铠甲。介士:武士。⑤几:接近。⑥处…后应有久字。⑦『祸知』当作『知祸』。祸:怪罪。⑧『吾弗入贡而臣』当作『吾弗能必使入贡而臣』。

⑨谕：告。⑩性：当作情，真实。⑪音：当作嫱。⑫故……事。⑬剔……剃。⑭揃……割。寖……渐。⑮介……铠甲，代指军事。

⑯禽：擒。擒虏：战胜敌人。

忠 孝

天下皆以孝悌忠顺之道为是也，而莫知察孝悌忠顺之道而审行之，是以天下乱；皆以尧、舜之道为是而法之，是以有弑君①，有曲父。尧、舜、汤、武，或反君臣之义，乱后世之教者也。尧为人君而君其臣，舜为人臣而臣其君，汤、武为人臣而弑其主，刑其尸，而天下誉之，此天下所以至今不治者也。夫所谓明君者，能畜其臣者也；所谓贤臣者，能明法辟、治官职以戴其君者也。今尧自以为明而不能以畜舜，舜自以为义而弑其君长，此明君且常与，而贤臣且常取也。故至今为人子者有取其父之家，为人臣者有取其君之国者矣。父而让子，君而让臣，此非所以定位一教之道也。臣之所闻曰：『臣事君，子事父，妻事夫。三者顺，则天下治；三者逆，则天下乱。』此天下之常道也，明王贤臣而弗易也，则人主虽不肖，臣不敢侵也。今夫上贤任智无常，逆道也，而天下常以为治，是故田氏夺吕氏于齐，戴氏夺子氏于宋。此皆贤且智也，岂愚且不肖乎？是废常上贤，舍法任智，逆道也。故曰：上法而不上贤。

记曰：『舜见瞽瞍，其容造焉②。孔子曰：『当是时也，危哉，天下岌岌！有道者，父固不得而子，君固不得而臣也。』臣曰：孔子本未知孝悌忠顺之道也。然则有道者，进不得为臣主③，退不得为父子耶？父之所以欲有贤子者，家贫则富之，父苦则乐之；君之所以欲有贤臣者，国乱则治之，主卑则尊之。今有贤子而不为父，则父之处家也苦；有贤臣而不为君，则君之处位也危。然则父有贤子，君有贤臣，适足以为害耳，岂得利焉哉？所谓忠臣，不危其君；孝子，不非其亲。今舜以贤取君之国，而汤、武以义放弑其君，此皆以贤而危主者也，而天下贤之。古之烈士，进不臣君，退不为家，是进则非其君，退则非其亲者也。且夫进不臣君，退不为家，是乱世绝嗣之道也。是故贤尧、舜、汤、武而是烈士,天下之乱术也。瞽瞍为舜父而舜放之,象为舜弟而杀之。放父杀弟,不可谓仁;妻帝二女而取天下,不可谓义。仁义无有,不可谓明。《诗》云:『普天之下,莫非王土;率土之滨,莫非王臣。』信若《诗》之言也,是舜出则臣其君,入则臣其父,妾其母、妻其主女也。故烈士内不为家,乱世绝嗣;而外矫于君,朽骨烂肉,施于土地,流于川谷,不避蹈水火。使天下从而效之,是天下遍死而愿天也。此皆释世而不治是也。世之所为烈士者,虽④众独行,取异于人,为恬淡之学而理恍惚之言。臣以为:恬淡,无用之教也;恍惚,无法之言也。言出于无法,教出于无用者,天下谓之察。臣以为:人生必事君养亲,事君养亲不可以恬淡。之人⑤必以言论忠信法术,言论忠信法术不可以恍惚。恍惚之言,恬淡之学,天下之惑术也。孝子之事父也,非竞取父之家也;忠臣之事君也,非竞取君之国也。夫为人子而常誉他人之亲曰:『某子之亲,夜寝早起,强力生财以养子孙臣妾。』是诽谤其亲者也。非其君者知谓之不孝,而非其君者天下贤之,此所以乱也。故人臣毋称尧、舜之贤,毋誉汤、武之伐,毋言烈士之高,尽力守法,专心于事主者为忠臣。

古者黔首悗⑥密蠢愚,故可以虚名取也。今民儇诇智慧⑦,欲自用,不听上。上必且劝之以赏,然后可进;又且畏之以罚,然后不敢退。而世皆曰:『许由让天下,赏不足以劝;盗跖犯刑赴难,罚不足以禁。』臣曰:未有天下而无以天下为者,许由是也;已有天下而无以天下为者,尧、舜是也。毁廉求财,犯刑趋利,忘身之死者,盗跖是也。此二者,殆物也。治国用民之道也,不以此二者为量。治也者,治常者也;道也者,道常者也。殆物妙言,治之害也。天下太平⑧之士,不可以赏劝也;天下太平之士⑨,不可以刑禁也。然为太上士不设赏,为太下士不设刑,则治国用民之道失矣。

故世人多不言国法而言从横。诸侯言从者曰:『从成必霸。』而言横者曰:『横成必王。』山东之言从横未尝

诸子百家

《管子》

【导读】

管仲(公元前723—公元前645年),名夷吾,字仲。春秋时颍上(今安徽境内)人,是春秋时著名的政治家、军事家。管仲相齐时,『作内政而寄军令』,通货积财,富国强兵,改革行政,编练军队,使齐国强盛起来。他帮助齐桓公以『尊王攘夷』为号召,『九合诸侯,一匡天下』,也因此被称为『春秋第一相』。

《管子》共二十四卷,八十五篇,今存七十六篇,内容丰富,包含道、名、法等家思想及天文、舆地、经济和农业等方面的知识。

地者,万物之本原,诸生之根菀也①。美恶、贤不肖、愚俊之所生也。水者,地之血气,如筋脉之通流者也。故曰:水,具材也。何以知其然也?曰:夫水淖弱以清,而好洒人恶③,仁也。视之黑而白,精也。量之不可使概④,至满而止,正也。唯无不流,至平而止,义也。人皆赴高,己独赴下,卑也。卑也者,道之室,王者之器也,而水以为都居⑤。准也者,五量之宗也⑥。素也者⑦,五色之质也⑧,五味之中也⑩。是以水者,万物之准也,诸生之淡也,违非得失之质也⑨。是以无不满,无不居也。集于天地,而藏于万物。产于金石,集于诸生,故曰水神。集于草木,根得其度,华得其数⑪。

【注释】

① 弑:当作乱。 ② 造:惨,痛。 ③ 臣主:当作主臣。 ④ 虽:当作离。 ⑤ 之人:当作治人。 ⑥ 悗:无所用心。 ⑦ 儇:聪明。 诇:狡猾,侦伺。 ⑧ 平:当作上。 ⑨ 平:当作下。 ⑩ 止:应作正。 ⑪ 横字后面当有而字。

实得其量。鸟兽得之，形体肥大，羽毛丰茂，文理明著。万物莫不尽其几，反其常者，水之内度适也。

夫玉之所贵者，九德出焉⑫。夫玉温润以泽，仁也。邻以理者，知也。坚而不蹙⑬，义也。廉而不刿⑭，行也。鲜而不垢，洁也。折而不挠，勇也。瑕适皆见，精也。茂华光泽，并通而不相陵⑮，容也。叩之，其音清搏彻远，纯而不杀，辞也。是以人主贵之，藏以为宝，剖以为符瑞⑯，九德出焉。

人，水也。男女精气合，而水流形。三月如咀⑰，咀者何？曰五味。五味者何，曰五藏⑱。酸主脾，咸主肺，辛主肾，苦主肝，甘主心。五藏已具，而后生肉：脾生隔，肺生骨，肾生脑，肝生革，心生肉。五肉已具，而后发为九窍⑲：脾发为鼻，肝发为目，肾发为耳，肺发为窍。五月而成，十月而生。生而目视，耳听，心虑。目之所以视，非特山陵之见也，察于荒忽⑳。耳之所听，非特雷鼓之闻也，察于淑湫㉑。心之所虑，非特知于粗粗也，察于微眇。故修要之精。是以水集于玉，而九窍出焉㉒。此乃其精也，精粗浊蹇，能存而不能亡者也。

伏暗能存而能亡者，蓍龟与龙是也㉓。龟生于水，发之于火，于是为万物先，为祸福正。龙生于水，被五色而游，故神。欲小则化如蚕蠋㉔，欲大则藏于天下，欲尚则凌于云气，欲下则入于深泉，变化无日，上下无时，谓之神。龟与龙，伏暗能存而能亡者也。

或世见，或世不见者，生蚹与庆忌㉕。庆忌者，其状若人，其长四寸，衣黄衣，冠黄冠，载黄盖，乘小马，好疾驰，以其名呼之，可使千里外一日反报，此涸泽之精也。涸川之精者，生于蚹。蚹者，一头而两身，其形若蛇，其长八尺，以其名呼之，此涸川水之精也。

是以，水之精粗浊蹇，能存而不能亡者，生人与玉，蓍龟与龙，或世见，或不见者，蚹与庆忌。万物莫不以生，唯知其托者能为之正。故人皆服之，而管子则之，人皆有之，而管子以之。是故，具者何也，水是也。

具者，水是也。故曰：水者何也？万物之本原也，诸生之宗室也㉖，美恶、贤不肖、愚俊之所产也。何以知其然也？

夫齐之水，道躁而复，故其民贪粗而好勇。楚之水，淖弱而清，故其民轻果而贼。越之水，浊重而洎㉗，故其民愚疾而垢。秦之水，泔最而稽㉘，淤滞而杂，故其民贪戾㉙，罔而好事㉚。齐晋之水，枯旱而运，淤滞而杂，故其民谄谀而葆诈㉛，巧佞而好利㉜。燕之水，萃下而弱㉝，沉滞而杂，故其民愚戆而好贞，轻疾而易死。宋之水，轻劲而清，故其民闲易而好正。

是以圣人之化世也，其解在水。故水一则人心正，水清则民心易。一则欲不污，民心易则行无邪。是以圣人之治于世也，不人告也，不户说也，其枢在水㉞。

【注释】

①菀：通『苑』，苑囿。一本作『根苑』。②淖弱：柔和的样子。淖，通『绰』。③洒：洗。④概：量，限量，衡量。⑤都居：水汇聚的地方。⑥准：水之平。⑦五量：五种计量标准的合称。⑧素：白色，无色。⑨五色：古代指青、赤、白、黑、黄五种颜色。⑩五味：指酸、甜、苦、辣、咸五种味道。⑪华：花。⑫九德：古代指贤人所具备的九种优良品格。九德内容，说法不一。⑬戚：逼迫，追逼。⑭刌：割，刺伤。⑮相陵：亦作『相凌』。指相互侵扰。⑯符瑞：吉祥的征兆。多指帝王受命的征兆。⑰咀：含味，品味。⑱五藏：亦作『五臧』即五脏。指心、肝、脾、肺、肾。中医上说五脏有藏精气而不泻的功能，所以得此名称。⑲九窍：指耳、目、口、鼻及尿道、肛门等九个孔道。⑳荒忽：遥远的样子。㉑淑湫：寂寥。㉒五虑：指耳、目、口、鼻、心五种器官的感觉。㉓蓍龟：古人用蓍草与龟甲来占卜凶吉，因此指占卜。㉔蜎：鳞翅目昆虫的幼虫。色青，形似蚕，大如手指。㉕蚔：传说中涓川之精。庆忌：神话中水怪名。㉖宗室：指本源。㉗洎：浸润。㉘泔：指液体白而浑浊。㉙贪戾：贪婪暴戾。㉚罔：枉曲，不直。㉛葆诈：诡媚阿谀。㉜巧佞：奸诈机巧，阿谀奉承。㉝萃：通『崒』，或『崪』，聚集，汇集。㉞枢：

《商君书》

垦 令

无宿治①，则邪官不及为私利于民②。而百官之情不相稽，则农有余日；邪官不及为私利于民，则农不败而有余日，则草必垦矣。

訾粟而税④，则上壹而民平。上壹，则信；信，则臣不敢为邪。民平，则慎；慎，则难变。民慎而难变，则下不非上⑤，中不苦官。下不非上，中不苦官，则壮民疾农不变。壮民疾农不变，则少民学之不休⑥。少民学之不休，则草必垦矣。

无以外权爵任与官⑦，则民不贵学问⑧，又不贱农。民不贵学，则愚；愚，则无外交；无外交，则国安不殆。民不贱农，则勉农而不偷。国安不殆，勉农而不偷，则草必垦矣。

禄厚而税多⑨，食口众者，败农者也。则以其食口之数贱而重使之⑩。则辟淫游惰之民无所于食⑪。民无所于食，则必农；农，则草必垦矣。

使商无得籴，农无得粜。农无得粜，则窳惰之农勉疾⑫。商不得籴，则多岁不加乐⑬；多岁不加乐，则饥岁无裕利。无裕利，则商怯；商怯，则欲农。窳惰之农勉疾，商欲农，则草必垦矣。

声服无通于百县⑭，则民行作不顾，休居不听⑮。休居不听，则气不淫⑯；行作不顾，则意必壹。意壹而气不淫，则农事

无得取庸⑰，则大夫家长不建缮，爱子不惰食，惰民不窳，而庸民无所于食，是必农。大夫家长不建缮，则农事

不伤。爱子、惰民不窳，则故田不荒。农事不伤，农民益农[18]，则草必垦矣。

废逆旅[19]，则奸伪、躁心、私交、疑农之民不行[20]，逆旅之民无所于食，则必农。农，则草必垦矣。

壹山泽[21]，则恶农、慢惰、倍欲之民无所于食。无所于食，则必农。农，则草必垦矣。

贵酒肉之价，重其租，令十倍其朴[22]，然则商贾少[23]，农不能喜酣奭[24]，大臣不为荒饱。商贾少，民不能喜酣奭，则农不慢。大臣不荒，则国事不稽，主无过举。上不费粟，民不慢农，则草必垦矣。

重刑而连其罪[25]，则褊急之民不斗[26]，很刚之民不讼[27]，怠惰之民不游，费资之民不作，巧谀、恶心之民无变也。五民者不生于境内，则草必垦矣。

使民无得擅徙，则诛愚。乱农无所于食而必农。愚心、躁欲之民壹意[28]，则农民必静。农静、诛愚[30]，则草必垦矣。

均出余子之使令[31]，以世使之，又高其解舍[32]，令有甬官食，概[33]不可以辟役[34]，而大官未可必得也，则余子不游事人，则必农。农，则草必垦矣。

国之大臣诸大夫，博闻、辨慧、游居之事[35]，皆无得为，无得居游于百县，则农民无所闻变见方[36]。农民无所闻变见方，则知农无从离其故事，而愚农不知，不好学问。愚农不知，不好学问，则务疾农。知农不离其故事，则草必垦矣。

令军市无有女子[37]；而命其商，令人自给甲兵，使视军兴[38]；又使军市无得私输粮者，则奸谋无所于伏，盗输粮者不私稽，轻惰之民不游军市[39]，盗粮者无所售[40]，送粮者不私[41]，轻惰之民不游军市，则农民不淫，国粟不劳，则草必垦矣。

百县之治一形，则从迁者不敢更其制[42]，过而废者不能匿其举[43]。过举不匿，则官无邪人。迁者不饰，代者不更，官属少而民不劳[44]，则官属少，则征不烦，民不劳，则农多日。农多日，征不烦，业不败，则草必垦矣。

重关市之赋,则农恶商,商有疑惰之心㊻。农恶商,商疑惰,则草必垦矣。

以商之口数使商,令之厮、舆、徒、重者必当名㊼,则农逸而商劳。农逸,则良田不荒;商劳,则去来赍送之礼㊽,无通于百县。则农民不饥,行不饰㊾。农民不饥,行不饰,则公作必疾,而私作不荒,则农事必胜。农事必胜,则草必垦矣。

令送粮无取僦,无得反庸㊿,车牛舆重设必当名[51],然则往速来疾,业不败农。业不败农,则草必垦矣。

无得为罪人请于吏而饷食之[52],则奸民无主。奸民无主,则为奸不勉[53]。为奸不勉,则奸民无朴[54]。奸民无朴,则农民不败。农民不败,则草必垦矣。

【注释】

①无:通毋,是表示禁止的命令副词。②为:牟取。③草:未开垦过的荒地。④訾:通赀,计算,估量。⑤非:与下句"苦"相对,用作意动词,表示"以……为非","认为……是不对的"。⑥少:少年,青年。不休:不停止。它承上句"疾农不变"而言,指不中断务农的行当。⑦战国时代,有学问的游说之士常常靠三寸不烂之舌去游说诸侯,"以外权士官于内""以内重求利于外",以致"国利未立,封土厚禄至矣,主上虽卑,人臣尊矣,国地虽削,私家富矣"所以商鞅劝诫君主"无以外权爵任与官"。⑧学问:指学习研究古代典籍。⑨古代达官贵族的俸禄来源于其封邑的税收,所以"禄厚"必"税多"。⑩则:犹故。赋,赋税,这里作动词,指收税。重使之:从重役使他们。⑪僻:邪僻。淫,游。于食:为食,搞食物,牟取食物。⑫窳:惰也。⑬多岁:丰年。⑭声服:音乐服装。⑮行:与"居"相对,指出行走。作,与"休"相对,指劳作。⑯气不淫:精神不游荡出去,指心思不会被靡靡之音诱惑而仍能专心于农业劳动。⑰佣:即佣工。⑱此指农民不再因为被雇用而分散精力,因而更能集中精力从事农业生产。⑲逆:迎也。旅,客也。旅馆迎接旅客,所以古人叫作逆旅。⑳躁心:

指不安心本职。这种人见异思迁，所以会「行」而舍于逆旅。㉑君主必须独掌山泽的管理权，不许民众任意砍柴、采矿、打猎、捕鱼。㉒朴：指成本。㉓这里「商贾」连言，泛指商人。㉔酤燕：针对「酒」而言，当指尽情地纵酒畅饮作乐。燕当解为盛。㉕重刑：商鞅主张重刑，并不是一种惩办性的措施，而是一种惩戒性的措施，其目的是「以刑去刑」。连其罪则有赏，如果不告发，就连带一同受罚。㉖褊：这里指气量狭小。气量小的人计较得失而不能忍耐，往往会争斗。联保组织中有一人犯罪，其他的人如果告发，则有赏，如果不告发，就连带一同受罚。指连坐。商鞅建立了伍（五家）、什（十家）的联保组织，使人们互相监视。㉗很：今字作狠，凶暴不听从人为狠，这里指不安心本职而另有欲望的人，所以与「壹意」相对。㉘躁欲：与「躁心」同义，指不安心本职而另有欲望的人，所以与「壹意」相对。㉙静：这里指安土重迁，专心务农。㉚简书说：「「农静诛愚」下宜补「乱农之民欲农」六字。」似未可从。㉛均：同也。「使令」指服役的法令。㉜解：放也。舍，免也。㉝甬官掌为徭役之人供给谷米之官有取也。食：粮食。概：本指量米粟时刮平斗斛用的木板。用作动词时引申指削平指取粮时如果超过了标准，就要被甬官削除。㉞辟：通辩，指离奇言论。㉟博闻之事：指学习与研究古代的文献典籍。辨：通辩。辨慧之事：指施展巧诈进行辩说。㊱变：通辩，指离奇言论。㊲兴：发动，指战斗动员。即「兴师动众」之「兴」。使视军兴：使他们注意军队的战斗动员。这是为了让他们了解战争物资的需求，以便早做准备，做好战时的物资供应。㊳奸谋：指通奸之谋。㊴这三句分承上述之令，是上述之令的后果。「奸谋无所于伏」承「令军市无有女子」而言，「盗输粮者不私稽」承「使军市无得私输粮」而言，「轻惰之民不游军市」承「命其商，令人自给甲兵，使视军兴」而言。㊵盗粮者：即上文的「盗输粮者」。盗：偷。私稽：指私下贮存偷运来的粮食。㊶不私：即公。送粮者不私：指送军粮的人一律由公家派遣。这句实是补充说明「盗粮者无所售」的。原意是：偷运粮食的人无处出售粮食，那么军队中的粮食供应如何解决呢？由公派的送粮人员解决。㊷徙：调职。迁：调职，升官。饰：即美化自己，指吹嘘自己采取了与众不同的政治措施。㊸「举」私稽」（不能私下贮存），所以「无所售」（没有地方出售）。㊶不私：即公。送粮者不私：指送军粮的人一律由公家字前承上省『过』字。『其举』即指『其过举』。『举』与主无过举之『举』同义，表示举动、行为、措施。㊹官属：即属吏，从属的官员。㊺敖：与遨通，谓遨游以避邪官也。徒，隶也。当名言应役。㊻疑：怀疑，迟疑不决。惰，懈怠，懒得干。㊼斯：析薪者。㊽赍：馈赠。㊾此既与『去来赍送之礼』相应，则『饰』当指礼仪上的装饰，而不是指衣服上的装饰。是为了避免使用劣车、劣牛以及超载而影响运输速度。㊿佣：受雇用。㈤舆：载也。车、牛、载重量在实际服役时必须与注册时相当，主驾车者。此皆言贱役之人。徒，隶也。当名言应役。㈥饷：送饭。食：给……吃。㈦勉：这里用作被动词，表示『被鼓励』。㊱为奸不勉则奸民无朴。则犹以，因为。朴：即牢牢附着，紧紧依附的意思。

农战

凡人主之所以劝民者，官爵也；国之所以兴者，农战也。今民求官爵①，皆不以农战，而以巧言虚道②，此谓劳民③。劳民者，其国必无力，无力者，其国必削④。

善为国者，其教民也，皆作壹而得官爵⑤，是故不官无爵。国去言，则民朴；民朴，则不淫。民见上利之从壹空出也⑥，则作壹；作壹，则民不偷营，则多力；多力，则国强。今境内之民皆曰：『农战可避，而官爵可得也。』是故豪杰皆可变业，务学《诗》《书》⑧，随从外权，上可以得显，下可以求官爵；要靡事商贾⑨，为技艺，皆以避农战。具备，国之危也。民以此为教者⑩，其国必削。

善为国者，仓廪虽满⑪，不偷于农⑫，国大、民众，不淫于言，则民朴壹。民朴壹，则官爵不可巧而取也⑬。不可巧取，则奸不生。奸不生，则主不惑。今境内之民及处官爵者，见朝廷之可以巧言辩说取官爵也，故官爵不可得而常也⑭。是故进则曲主，退则虑私⑮，然则下卖权矣⑯。夫曲主虑私，非国利也，而为之者，以其爵禄也；下卖权，非忠臣也，而为之者，以末货也⑰。然则下官之冀迁者皆曰：『多货，则上官可得而欲也。』曰：『我不以货事上而求迁者，则如以狸饵鼠尔，必不冀矣；若以情事上而求迁者，则如引诸绝绳而求乘枉木也[18]，愈不冀矣。二者不可以得迁，则我焉得无下动众取货以事上而以求迁乎？」百姓曰：「我疾农，先实公仓，收余以食亲[19]；为上忘生而战，以尊主安国也。仓虚，主卑，家贫。然则不如索官[20]。」亲戚交游合，则更虑矣。豪杰务学《诗》《书》，随从外权；要靡事商贾，为技艺，皆以避农战。民以此为教，则粟焉得无少，而兵焉得无弱也？

善为国者，官法明，故不任知虑[21]。上作壹，故民不俭营，则国力抟[22]。国力抟者强，国好言谈者削。故曰：农战之民千人，而有《诗》《书》辩慧者一人焉，千人者皆怠于农战矣。农战之民百人，而有技艺者一人焉，百人者皆怠于农战矣。国待农战而安，主待农战而尊。夫民之不农战也，上好言而官失常也。常官则国治，壹务则国富[24]。国富而治，王之道也[25]。故曰：王道作外，身作壹而已矣。

今上论材能知慧而任之[26]，则知慧之人希主好恶使官制物以适主心[27]，是以官无常，国乱而不壹，辩说之人而无法也。如此，则民务焉得无多？而地焉得无荒？《诗》《书》、礼、乐、善、修、仁、廉、辩、慧，国有十者，上无使守战。国以十者治，敌至必削，不至必贫。国去此十者，敌不敢至，虽至必却；兴兵而伐，必取；按兵不伐，必富。国好力者以难攻[28]，以难攻者必兴；好辩者以易攻[29]，以易攻者必危。故圣人明君者，非能尽其万物也，知万物之要也。故其治国也，察要而已矣。

今为国者多无要。朝廷之言治也，纷纷焉务相易也[30]。是以其君惛于说，其官乱于言，其民惰而不农。故其境内之民，皆化而好辩、乐学、事商贾，为技艺，避农战。如此，则不远矣。国有事，则学民恶法，商民善化，技艺之民不用，故其国易破也。夫农者寡而游食者众，故其国贫危。今夫螟、螣、蚼蠋春生秋死，一出而民数年不食。今一人耕而百人食之，此其为螟、螣、蚼蠋亦大矣。虽有《诗》《书》，乡一束，家一员[31]，犹无益于治也，非所以反之之术也。

故先王反之于农战。故曰：百人农、一人居者王，十人农、一人居者强，半农半居者危。故治国者欲民之农也。国不农，则与诸侯挠其弱，则众力不足也。故诸侯挠其弱，乘其衰，土地侵削而不振，则无及已。

圣人知治国之要，故令民归心于农。归心于农，则民朴而可正也，纷纷则易使也，信可以守战也。壹则少诈而重居，壹则可以赏罚进也，壹则可以外用也。夫民之亲上死制也，以其旦暮从事于农。夫民之不可用也，见言谈游士事君之可以尊身也、商贾之可以富家也、技艺之足以餬口也。民见此三者之便且利也，则必避农。避农，则民轻其居。轻其居，则必不为上守战也。凡治国者，患民之散而不可抟也，是以圣人作壹，抟之也。国作壹一岁者，十岁强；作壹十岁者，百岁强；作壹百岁者，千岁强；千岁强者王。

王者得治民之至要，故不待赏赐而民亲上，不待爵禄而民从事，不待刑罚而民致死。国危主忧，说者成伍，无益于安危也。夫国危主忧也者，强敌大国也。人君不能服强敌、破大国也，则修守备，便地形[35]，抟民力，以待外事，然后患可以去，而王可致也。是以明君修政作壹，去无用，止浮学事淫之民，壹之农，然后国家可富，而民力可抟也。

今世主皆忧其国之危而兵之弱也，而强听说者，说者成伍，烦言饰辞[37]，而无实用。主好其辩，不求其实。说者得意，道路曲辩，辈辈成群。民见其可以取王公大人也，而皆学之。夫人聚党与，说议于国，纷纷焉，小民乐之，大人说之。故其民农者寡而游食者众[38]。众，则农者殆，农者殆，则土地荒。学者成俗，则民舍农从事于谈说，高言伪议，舍农游食而以言相高也[39]，故民离上而不臣者成群。此贫国弱兵之教也。夫国庸民以言[40]，则民不畜于农[41]。故惟明君知好言之不可以强兵辟土也，惟圣人之治国作壹，抟之于农而已矣。

【注释】

①求：犹得也。②巧言：花言巧语。虚道：空洞的道理。③劳：「劳民」与首句「劝民」同义，是慰劳民众的意思。

诸子百家

第四章 法家

此文的意旨是：君主使民众取得官爵靠巧言虚道而不靠农战，这就不过是在『劝民』，而不是在兴国。此句后若补一句『非谓兴国』，那么文义就明显了。现省此一句，原文就很难理解。④削：与上文『兴』相对，当解为削弱。⑤『作壹』的具体含义，是指专心致力于农战，不以那『学《诗》《书》』『事商贾』『为技艺』等来妨碍农战。但『作壹而得官爵』包括农战两方面：务农取得官爵，作战取得官爵，不过，商君治理下的秦国，取得官爵的主要途径还是在作战。⑥利：爵禄的奖赏。⑦营：求也，谋也。苟且曰偷，不务农战而谋为他务，是偷营也。⑧《诗》：我国最早的诗歌总集，儒家经典之一。先秦称为《诗》，到汉代尊称为《诗经》。⑨《书》：即《尚书》，是现存最早的上古历史文献的汇编，儒家经典之一。先秦称为《书》，到汉代尊称为《书经》。⑩此文指君主以上述这两种人的行为作为教育的内容，臣民以上述这两种人的行为作为效法的对象。⑪廪：米仓。⑫偷：承『不淫于言』而来，指巧言。⑬巧：即下文的『巧言辩说』。⑭『常』即指下文的『官法』，指授官封爵的法规，也即韩非所记述的『商君之法』之类。⑮实：充实，满足。所以实其私，满足他们私欲的办法。⑯卖权：应解为『卖弄权势』，指炫耀利用自己的权势以谋取私利。⑰末：逐也。谓争逐货利。⑱此『乘』字秦本作『绳』，表示『使……直』。⑲食：供养。⑳索：求也。㉑知：通智。㉒抟：聚也。㉓常：这里用作状语，是『按法』的意思。官用作动词，指授予官职。常官，依法授官，也就是按照商君规定的法制授予官职。㉔务农可得粮食，作战可获战利，所以可致富。㉕王：成就王业，称王天下。㉖论：考察衡量。知：通智。㉗希：即观望。㉘难：即指实力。实力必须通过艰苦的农战才能获得，它来之不易，为民众所畏难，所以称为『难』。㉙易：即指辩。辩说空谈不费力，民众也不感到畏难，所以称为『易』。㉚纷纷：形容七嘴八舌、众说纷纭的样子。焉：相当于然。㉛一员犹一卷也。布帛所写之书则卷成一卷，卷为圆形，故战国时人称为一员，及至汉代则称为一卷矣。㉜挠：扰也。就是侵扰的意思。

㉝乘：就是进攻的意思。㉞制，法令。㉟便：就是熟习的意思。㊱强：勉力。㊲烦：多也。饰，巧也。㊳蒋礼鸿说：

『殆读作怠。』㊴此十字实是复说上两句的内容以作为下句『故民离上而不臣者成群』的前提。㊵庸：用也。㊶畜：

好也。

说 民

辩慧，乱之赞也①；礼乐，淫佚之徵也；慈仁，过之母也②；任誉，奸之鼠也。乱有赞则行，淫佚有徵则用③，过

有母则生，奸有鼠则不止。八者有群④，民胜其政⑤；国无八者，政胜其民。民胜其政，国弱；政胜其民，兵强。故

国有八者，上无以使守战，必削至亡。国无八者，上有以使守战，必兴至王。

用善，则民亲其亲；任奸，则民亲其制⑥。合而复者，善也；别而规者，奸也。章善⑦，则过匿；任奸，则罪诛。过匿，

则民胜法；罪诛，则法胜民。民胜法，国乱；法胜民，兵强。故曰：以良民治，必乱至削；以奸民治，必治至强。

国以难攻，起一取十；国以易攻，起十亡百。国好力，曰以难攻；国好言，曰以易攻。民易为言，难为用⑧。国

法作民之所难⑨，兵用民之所易而以力攻者，起一得十；国法作民之所易⑩，兵用民之所难而以言攻者，出十亡百。

罚重，爵尊；赏轻，刑威。爵尊，上爱民⑪；刑威，民死上。故兴国行罚，则民利；用赏，则上重。法详，则刑

繁，法繁，则刑省。民治则乱，乱而治之⑫，又乱。故治之于其治，则治；治之于其乱⑬，则乱。民之情也治，其事

也乱。故行刑，重其轻者，轻者不生，则重者无从至矣，此谓治之于其治也。行刑，重其重者，轻其轻者，轻者不止，

则重者无从止矣，此谓治之于其乱也。故重轻，则刑去事成，国强；重重而轻轻，则刑至而事生，国削。

民勇，则赏之以其所欲；民怯，则杀之以其所恶⑭。故怯民使之以刑，则勇；勇民使之以赏，则死。怯民勇，勇

民死，国无敌者必王。

民贫则弱国，富则淫，淫则有虱，有虱则弱。故贫者益之以刑，则富；富者损之以赏，则贫；治国之举，贵令贫者富、富者贫。贫者富、国强，三官无虱。国久强而无虱者必王。

刑生力，力生强，强生威，威生德，德生于刑。故刑多，则赏重；赏少，则刑重。民之有欲有恶也，欲有六淫，恶有四难⑰。从六淫，国弱；行四难，兵强。故王者刑于九而赏出一⑱。刑于九，则六淫止；赏出一，则四难行⑲。六淫止，则国无奸；四难行，则兵无敌。

民之所欲万，而利之所出一⑳。民非一，则无以致欲㉑，故作一则力抟，力抟则强。强而用，重强。故能生力，能杀力，曰攻敌之国，必强。塞私道以穷其志㉒，启一门以致其欲，使民必先行其所要，然后致其所欲，故力多。力多而不用，则志穷，志穷则有私，有私则有弱。故能生力，不能杀力，曰自攻之国，必削。故曰：王者，国不蓄力，家不积粟。国不蓄力，下用也；家不积粟，上藏也。

国治：断家王，断官强，断君弱㉓。重轻，刑去，常官，则治，省刑，要保㉔，赏不可倍也。有奸必告之，则民断于心㉕，上令而民知所以应。器成于家㉖，而行于官，则事断于家。故王者刑赏断于民心，器用断于家。治明则同，治暗则异。同则行，异则止，行则治，止则乱。治则家断，乱则君断。治国者贵下断，故以十里断者弱，以五里断者强。家断则有余，故曰：日治者王。官断则不足，故曰：夜治者强。君断则乱，故曰：宿治者削。

故有道之国，治不听君，民不从官㉗。

【注释】

①赞：助也。②母：本也。即母体，本源。③用：为也。④八者：辩、慧、礼、乐、慈、仁、任、誉也。⑤胜：胜过民胜其政：指民众不遵从政令。⑥第一个『亲』字表示爱，第三个『亲』字由爱的意义引申而表示拥护、依从的意思。⑦章：与彰通。⑧用：谓使民事之。『用』字指被役使而在农战。⑨作：『作，起也。』就是兴起、促成的意思。

民之所难：民众所畏难的行为，指被役使出力。⑩民之所易：民众不畏难的行为，指空谈。⑪君主拿爵位奖赏给民众，爵位越尊贵，君主的奖赏就越显得可贵，也就越能体现出君主对民众的爱，所以说『爵尊，上爱民』。⑫乱而治之：等于说『乱之而治之』。『乱之』即下文所说的『行刑，重其重者，轻其轻者』。⑬于其治：在他们安定的时候，即下文所说的『轻者不生』。章诗同等解为『用能取得安定的方法（指法治）』，虽讲得通，恐非原文之意。因为此文所说的方法，只是指『行刑重其轻者』，而并不泛指法治。⑭『其所欲』可能是指爵禄，『其所恶』可能是指刑罚。⑮民贫，以刑督之力农，则富。民富粟多者，使输粟得官爵，以杀其富，故贫。⑯赏少：指奖赏严谨不滥。⑰四难当是指务农、力战、出钱、告奸四件事。⑱九代表多数。⑲人民看到务农、力战、出钱、告奸四件事都能立功，都可得赏，就都愿意干，四件难事就都做到了。⑳所出：出来的地方，来源。㉑这『欲』字当专指爵禄。㉒私道：不顾国家利益而谋取私利的办法，指不从事农战而取得爵禄的歪门邪道。㉓断家即断于家，断官即断于官，断君即断于君。㉔要保，指建立什伍的制度，使人民互相约束（监视），互相担保。㉕则：因为。㉖器：古代标志爵位名号的器物，祭祀的礼器以及武器都称为『器』。㉗从：相听也。『治不听君，民不从宜』是因为官吏、民众有法可依，可根据法律自己来裁断。

兵守

四战之国贵守战，负海之国贵攻战①。四战之国，好举兴兵以距四邻者②，国危。四邻之国一兴事，而己四兴军，故曰国危。四战之国，不能以万室之邑舍钜万之军者③，其国危。故曰：四战之国务在守战。

守有城之邑，不如以死人之力与客生力战。其城拔者④，死人之力也，客不尽夷城⑤，客无从入，此谓以死人之力与客生力战。城尽夷，客若有从入，则客必罢，中人必佚矣。以佚力与罢力战，此谓以生人力与客死力战。皆曰：

诸子百家

第四章 法家

"围城之患，患无不尽死而邑①。"此三者，非患不足⑦，将之过也。

守城之道，盛力也⑧。故曰客，治簿檄⑨，三军之多，分以客之候车之数。三军：壮男为一军，壮女为一军，男女之老弱者为一军，此之谓三军也。壮男之军，使盛食、厉兵，陈而待敌⑩。壮女之军，使盛食、负垒⑪，陈而待令；客至而作土以为险阻及耕格阱，发梁撤屋，给⑬从从之，不洽而燻之，使客无得以助攻备。老弱之军，使牧牛马羊彘，草木之可食者，收而食之，以获其壮男女之食⑭。而慎使三军无相过⑮。壮男过壮女之军，则男贵女，而奸民有从谋⑯；而国亡，喜与，其恐有蚤闻，勇民不战。壮男壮女过老弱之军，则老使壮悲，弱使强怜；悲怜在心，则使勇民更虑，而怯民不战。故曰：慎使三军无相过。此盛力之道。

【注释】

①负：背。②距：就是到、进入的意思。③钜：通巨，大。钜万：形容数目之大，不是确切数。④城：当指城墙。⑤夷城：当指杀掉在城墙上守卫的将士。⑥而：其。邑：即上文"有城之邑"之"邑"。尽死而邑：即"尽死其邑"，是"为其邑而尽死"的意思。⑦非：语助。患不足：指进攻者对上述守城者的两种情况担忧不足。⑧盛：使动用法，使……大。⑨簿：登记"民众口数"的户口册，并非专指军册。檄：以木简为书，长尺二寸，用征召也。⑩陈：俗作阵。⑪垒：壮女背着笼子，以便筑防御工事。⑫发：通废，指拆毁。⑬给：指有足够的时间。⑭此当指老弱之军喂养牲畜以此来获得供应壮男壮女的食物。⑮过：往来，探望。⑯从：当为纵，从谋，当指纵欲淫乱之谋。